Ulrich Goetze · Michael Röcken
Der Verein

Ulrich Goetze · Michael Röcken

Der Verein

Gründung – Recht – Finanzen – PR – Sponsoring

Alles, was Sie wissen müssen

2., aktualisierte Auflage

Bibliografische Information der Deutschen Nationalbibliothek

Die Deutsche Nationalbibliothek verzeichnet diese Publikation in der Deutschen National-
bibliografie; detaillierte bibliografische Daten sind im Internet über http://dnb.d-nb.de abrufbar.

Das Werk ist urheberrechtlich geschützt. Alle Rechte, insbesondere die Rechte der
Verbreitung, der Vervielfältigung, der Übersetzung, des Nachdrucks und der Wiedergabe
auf fotomechanischem oder ähnlichem Wege, durch Fotokopie, Mikrofilm oder andere
elektronische Verfahren sowie der Speicherung in Datenverarbeitungsanlagen, bleiben,
auch bei nur auszugsweiser Verwertung, dem Verlag vorbehalten.

ISBN 978-3-7093-0517-1

Es wird darauf verwiesen, dass alle Angaben in diesem Buch trotz sorgfältiger Bearbeitung
ohne Gewähr erfolgen und eine Haftung der Autoren oder des Verlages ausgeschlossen ist.

Umschlag: *stern* und buero8
© LINDE VERLAG Ges.m.b.H., Wien 2013
1210 Wien, Scheydgasse 24, Tel.: 01/24 630

www.lindeverlag.de
www.lindeverlag.at

Druck: Hans Jentzsch u Co. Ges.m.b.H.
1210 Wien, Scheydgasse 31

Inhalt

Einleitung 9

Kapitel 1: Wie entsteht ein Verein? 11
Viele Gründe für einen Verein 12
Warum ist der Verein häufig die beste Rechtsform? 13
Die rechtlichen Grundlagen des Vereins 14
Was regelt die Satzung? 14
Der Vereinsname 15
Die Gründungsversammlung 16
Was ist das Vereinsregister? 18
Gemeinnützige Vereine 21

Kapitel 2: Die Mitglieder des Vereins 29
Wie gewinne ich Mitglieder? 30
Wer entscheidet über die Mitgliedschaft? 30
Die Rechte und Pflichten der Mitglieder 32
Kommunikation mit den Mitgliedern 36
Beendigung der Mitgliedschaft 37

Kapitel 3: Welche Stellung hat der Vorstand? 41
Die Rechte und Pflichten des Vorstands 42
Wie setzt sich der Vorstand zusammen? 45
Der Notvorstand 47
Willensbildung auf den Vorstandssitzungen 48

Kapitel 4: Die Mitgliederversammlung 51
Die Zuständigkeit der Mitgliederversammlung 52
Wie und wann wird die Mitgliederversammlung einberufen? 53
Die Tagesordnung 53
Wer darf an der Mitgliederversammlung teilnehmen? 55

Versammlungsleitung 56

Beschlussfassung 56

Die außerordentliche Mitgliederversammlung 59

Protokoll 61

Kapitel 5: Der Verein als Arbeitgeber 63

Tätigkeiten der Mitglieder 64

Geschäftsführung und Vorstandsvergütungen 65

Wann liegt ein steuerrechtlich relevantes Dienstverhältnis vor? .. 67

Der Verein als Arbeitgeber 71

Selbstständig oder Arbeitnehmer? 72

Lohnsteuer- und Sozialversicherungspflichten des Arbeitgebers 75

Kapitel 6: Wie wird die Vereinsarbeit finanziert? 79

Mitgliedsbeiträge 80

Umlagen 82

Zuschüsse 83

Spenden 84

Veranstaltungen 91

Sponsoren 92

Kapitel 7: Öffentlichkeitsarbeit im Verein – Wie gewinnt man Mitglieder und Sponsoren? 95

Internetauftritt 96

Social Media (Web 2.0) 97

Werbematerialien 97

Informationsveranstaltungen 98

Formen der elektronischen Kommunikation 98

Pressewart 99

Tageszeitungen 99

Fundraising 100

Kapitel 8: Steuerrecht – abschreckend kompliziert? 101

Die Körperschaftsteuer im Vereinsbereich 102

Umsatzsteuer (Mehrwertsteuer) 116

Steuererklärungen 123

**Kapitel 9: Buchführung und Rechnungslegung –
Muss das sein?** 125

Die Buchführung 126

Rechnungslegung 129

Kapitel 10: Haftung im Verein und Vermeidungsstrategien ... 139

Haftungsgefahren 140

Die Haftung von Organmitgliedern und besonderen Vertretern 144

Die Haftung der Mitglieder 148

Versicherungsschutz 149

Kapitel 11: Streit im Verein 151

Streitschlichtung 152

Vereinsstrafen und Ausschluss aus dem Verein 153

Verfahren und Zuständigkeit 154

Kapitel 12: Beendigung des Vereins 161

Auflösung durch Mitgliederbeschluss 162

Insolvenz des Vereins 168

Anhang 171

Stichwortverzeichnis 191

Mehr Service auf stern.de

- Checkliste Vereinsgründung: In zehn Schritten zum eigenen Verein
- Mustervorlagen zum Vereinsrecht: Die wichtigsten Dokumente für Ihren Verein
- Steuerrecht für Vereine: Darauf müssen Sie bei Sponsoringeinnahmen achten

Dies und mehr unter: www.stern.de/verein

Inhalt

Einleitung

In unserem sozialen Leben spielen Vereine eine wichtige Rolle. Denn viele Freizeitmöglichkeiten sowie soziales Engagement wären ohne Vereine gar nicht möglich. Als „normales" Mitglied macht man sich eher selten Gedanken darüber, wie eine Satzung aussehen sollte oder welche Pflichten ein Vereinsvorstand hat. Das ändert sich in der Regel, wenn man vor der Entscheidung steht, selbst in einem Verein eine verantwortungsvolle Aufgabe zu übernehmen. Sei es in einem Förderverein im Kindergarten oder in der Schule, weil die Kinder diese besuchen, in einem Nachbarschaftsverein, in einem sozialen Verein oder im Sportverein.

Spätestens dann treten viele Fragen auf: Wie führe ich einen Verein? Wie sieht es mit meiner persönlichen Haftung aus? Ist das Vorstandsmitglied versichert, wenn es für den Verein unterwegs ist? Welche Pflichten habe ich gegenüber dem Finanzamt? Was ist bei Vereinsfesten zu beachten?

Das vorliegende Buch stellt Ihnen die wichtigsten Sachverhalte vor, die Sie kennen sollten, wenn Sie einen Verein gründen bzw. erfolgreich führen möchten. Es informiert umfassend über die unterschiedlichsten Themen wie Steuerrecht, PR oder Sponsoring. Besonders wichtige oder komplexe Punkte werden durch Beispiele verdeutlicht. Mit dem kostenfreien „Online Service" sind Sie immer auf dem aktuellen Stand: Auf der Homepage des bdvv stellen wir eine Seite mit vielen ergänzenden Informationen und Merkblättern von anderen Institutionen zur Verfügung. Sie können darüber hinaus jederzeit die Autoren über den bdvv für die Beantwortung spezieller Fragen erreichen.

Die vorliegende zweite Auflage berücksichtigt die Anfang 2013 verabschiedeten Gesetzesänderungen im „Gesetz zur Stärkung des Ehrenamts". Das für Vereine geltende Recht ist mit diesem Gesetz nicht einfacher geworden, jedoch wird das Vereinsleben erleichtert, da neben dem Wegfall der persönlichen Haftung von Vereinsmitgliedern bei leichter Fahrlässigkeit die Steuerbefreiung von Vergütungen der typischen Vereinstätigkeiten auf 2.400 Euro bzw. 720 Euro deutlich erhöht wurde.

Ulrich Goetze/Michael Röcken

Kapitel 1

Wie entsteht ein Verein?

Viele stellen sich die Fragen: Wie gewinne ich Gleichgesinnte zur Durchsetzung bestimmter Ziele? Wie kann ich meinen Lebensraum schützen? Oder: Wie kann ich mich gegen „Die-da-Oben" durchsetzen? Die Gründung eines Vereins ist hier durchaus eine Option. In diesem Kapitel werden die Schritte von der Willensbildung zur Vereinsgründung bis zur Eintragung des Vereins in das Vereinsregister erläutert.

Beispiel

Beim Bau der neuen Umgehungsstraße wird Ihrer Meinung nach massiv gegen Umweltschutzbelange verstoßen. Die vorgesehene Trasse durchschneidet Wiesen und Waldgelände. Sie rufen zu einer Protestversammlung auf. Dort treffen Sie auf Gleichgesinnte, die Ihre Ansichten teilen und die wiederum andere Interessierte zu gemeinsamen Treffen mitbringen. Aus einem unstrukturierten „Stammtisch" soll schließlich eine schlagkräftige Interessenvertretung entstehen. Die Idee einer Vereinsgründung wird diskutiert und stößt auf Zustimmung.

Viele Gründe für einen Verein

Es gibt die unterschiedlichsten Motive für die Gründung eines Vereins. Hier einige Beispiele:

→ Förderung eines Kindergartens oder einer Schule,
→ Engagement zum Schutz der Umwelt,
→ Einsatz gegen eine als unvernünftig empfundene Bauplanung,
→ Nutzung der im Neubaugebiet errichteten neuen Sporthalle durch einen Sportverein,
→ Pflege und Schutz von Tieren durch einen Tierschutzverein,
→ Förderung kultureller Einrichtungen,
→ Unterstützung kirchlicher Organisationen,
→ Unterstützung eines anerkannten Wohlfahrtsverbands zur Betreuung von Jugendlichen, Senioren, Hilfsbedürftigen, Kranken oder Mitbürgern mit Migrationshintergrund.

Beispiel

Der Musiklehrer des Gymnasiums hat im Rahmen einer Arbeitsgemeinschaft eine tolle Pop-Bläsergruppe ins Leben gerufen. Eine Gruppe von engagierten Eltern unterstützt das Projekt und möchte das Musikangebot um Streichinstrumente, Singen und Tanzen erweitern. Sie wollen Kurse und Veranstaltungen organisieren. Geeignete Räume können in der Schule genutzt werden, Musikstudenten der Musikhochschule stehen als Übungsleiter zur Verfügung.

Für die Umsetzung dieses Projekts bietet sich die Gründung eines Vereins an. So ist es unter anderem auch einfacher, Zuschüsse von der Stadt zu erlangen und Spenden zu sammeln.

Warum ist der Verein häufig die beste Rechtsform?

Egal, ob kurzfristige Ziele verfolgt werden oder ob eine am Herzen liegende Sache langfristig gefördert werden soll, die Rechtsform des Vereins eignet sich am besten für die Umsetzung nichtwirtschaftlicher Aktivitäten. Sie eignet sich für große wie kleine Personenvereinigungen, die ein gemeinsames Ziel verfolgen.

Ein Verein bringt für alle Beteiligten große Vorteile: Durch einen gemeinsamen Namen sowie einen Vorstand, der den Verein nach außen vertritt, kann der Verein wirkungsvoller in der Öffentlichkeit auftreten. Das Besondere im Vergleich zu anderen Gesellschaftsformen ist außerdem die Möglichkeit des Ein- und Austritts von Mitgliedern, ohne dass sich das Vermögen oder die Rechtsbeziehungen innerhalb des Vereins verändern.

Ein gewichtiger Vorteil des Vereins ist schließlich der Ausschluss der Haftung. Bei einem Zusammenschluss von gemeinsam handelnden Personen ohne Vereinsgrundlage liegt eine Gesellschaft des bürgerlichen Rechts (GbR) vor, in der jeder solidarisch und unbeschränkt mit seinem Privatvermögen für Verbindlichkeiten der GbR haftet. Dagegen haften Mitglieder, die die Ziele eines im Vereinsregister eingetragenen Vereins fördern, in ihrer Eigenschaft als Mitglied nicht für die Schulden oder Verpflichtungen des Vereins. Es haftet ausschließlich das Vereinsvermögen.

Der Verein genießt außerdem den Schutz des Grundgesetzes.

Die rechtlichen Grundlagen des Vereins

Die rechtlichen Grundlagen für Vereine sind im Bürgerlichen Gesetzbuch (BGB) in den Paragrafen 21 bis 79 enthalten. Sie finden diese Bestimmungen im Anhang dieses Ratgebers.

Das Gesetz lässt aber auch viele Punkte offen, die in der Satzung des Vereins zu regeln sind. So etwa die Frage, für welche Entscheidungen die Mitgliederversammlung bzw. der Vorstand zuständig ist. Wie groß der Vorstand sein soll, wie häufig Mitgliederversammlungen stattfinden sollen und wer eventuelle Streitigkeiten schlichtet. Durch die Satzung kann der Verein auch die gesetzlichen Regelungen an seine Bedürfnisse anpassen.

Was regelt die Satzung?

Die Satzung ist eine Art Verfassung des Vereins, sie regelt die Organisation des Vereins ebenso wie die Rechte und Pflichten der einzelnen Vereinsorgane. Daher sollten die Bestimmungen der Satzung mit äußerster Aufmerksamkeit festgelegt werden.

Der Inhalt der Satzung wird zunächst in der Gründungsversammlung festgelegt, spätere Änderungen werden von der Mitgliederversammlung beschlossen. Die Vereinssatzung enthält mindestens Bestimmungen über:

→ den Namen des Vereins,
→ den Zweck des Vereins,
→ den Sitz des Vereins,
→ den Ein- und Austritt von Mitgliedern,
→ die Rechte und Pflichten der Mitglieder,
→ die Erhebung von Mitgliedsbeiträgen,
→ die Zusammensetzung und Aufgaben des Vorstands,
→ die Vertretungsberechtigung,
→ die Einberufung und den Ablauf der Mitgliederversammlung,
→ die Protokollführung sowie
→ die Auflösung des Vereins.

Die Grundlage des Vereins bildet der Satzungszweck und dessen geplante Durchführung. Nach der Vereinsgründung können Sie Ergänzungen des Satzungszwecks nur noch vornehmen, wenn diese in einem sachlichen Zusammenhang als Ergänzung oder Fortschreibung des ursprünglichen Satzungszwecks stehen.

Bei der Erstellung der Satzung sind Mustervorlagen und die Satzungen anderer Vereine durchaus hilfreich, aber hinterfragen Sie kritisch, ob das von Ihnen Gewollte darin auch klar beschrieben ist. Vermeiden Sie vor allem Formulierungen, deren Wortlaut nicht praxisgerecht ist, sowie unnötige Bestimmungen. In unserer täglichen Vereinspraxis stoßen wir häufig auf Formulierungen, die zwar rechtlich einwandfrei sind, jedoch den gewünschten Inhalt nicht zutreffend wiedergeben.

• •

Beispiel für eine unsinnige Bestimmung

„Eine Satzungsänderung kann nur bei Anwesenheit von 75 % der Mitglieder beschlossen werden."
Wenn Ihr Verein größer wird, werden Sie bei dieser Satzungsbestimmung Mühe haben, eine derartig hohe Anzahl von Mitgliedern zusammenzubringen.

• •

In diesem Ratgeber führen wir immer wieder wichtige Satzungsbestimmungen an – doch auch hier gilt: Übernehmen Sie diese nur, wenn sie für Ihre Zwecke passen.

Der Vereinsname

Unter welcher Bezeichnung soll der Verein in der Öffentlichkeit auftreten? Hier gilt: Der Name soll den Zweck der Organisation treffend ausdrücken. Einprägsam sind eine vorangestellte Abkürzung oder ein sich aus den Anfangsbuchstaben des Namens ergebender Kurzname. Prüfen Sie, ob der Name im Internet als *domain* verfügbar ist.

Beachten Sie bei der Wahl des Vereinsnamens, dass es ein Namensrecht gibt, wonach die Verwendung eines Namens einer bereits bestehenden Vereinigung unzulässig ist, wenn Verwechslungsgefahr besteht. Im örtlichen Bereich eines Vereinsregisters sollte sich der Name des Vereins deutlich von einem im selben Ort oder in derselben Gemeinde bestehenden eingetragenen Verein unterscheiden.

Beispiel

Im Sportverein „TSV Wunstorf von 1905 e.V." brodelt es. Mitglieder einer Sparte verlassen den Verein und gründen einen neuen Verein mit dem Namen „TSV Wunstorf von 2013". Der Rechtspfleger des Amtsgerichts wird diesen Namen wegen der Verwechslungsgefahr nicht eintragen.

Ausreichend zur Unterscheidung – aber auch notwendig – ist ein weiterer Namenszusatz, beispielsweise die Ergänzung um einen Ortsteil („Wunstorf-Luthe"), die Sportart („Schwimmen") oder einen Fantasienamen wie „Union" oder „Fortuna".

Die Gründungsversammlung

Als Initiator laden Sie interessierte Personen zur Vereinsgründung ein. Zur Gründung eines Vereins sind mindestens sieben Personen notwendig.

Im Zuge der Versammlung wird der Wortlaut der Satzung beraten. Sinnvoll und empfehlenswert ist es, vorher einen Vorschlag für die Satzung zu erarbeiten und der Gründungsversammlung den Entwurf vorzulegen. Dann braucht die Versammlung nur noch über einzelne Bestimmungen der Satzungsinhalte zu diskutieren. Wenn Einigung über den Satzungswortlaut erzielt worden ist, wird hierüber von den Anwesenden ein Beschluss gefasst. Damit ist der Verein gegründet.

Danach wird ein Vorstand gewählt, der den Verein nach § 26 BGB sowohl gerichtlich als auch außergerichtlich vertritt, die Gründungsmitglieder unterschreiben die Satzung, und es kann losgehen.

Niederschrift über die Gründung des Vereins: „Musikschule Wunstorf e. V."

Heute, am 6. Dezember 2012, 18.00 Uhr, erschienen in der Gaststätte „Zum Löwen", Hauptstraße 30, 31515 Wunstorf, die aus der beigefügten Anwesenheitsliste ersichtlichen 31 Personen zur Beschlussfassung über die Gründung eines Vereins Musikschule Wunstorf.

Herr Goetze begrüßte die Erschienenen und erläuterte den Zweck der Versammlung. Durch Zuruf wurden Herr Goetze zum Versammlungsleiter und Herr Röcken als Protokollführer benannt und sodann gewählt; sie nahmen beide die Ämter an.

Der Versammlungsleiter schlug sodann folgende weitere Tagesordnung vor:

1. Beratung und Feststellung der Satzung
2. Wahlen
   a) des Vorstands
   b) Kassenprüfer
3. Weitere Verfahrensschritte

TOP 1: Der Protokollführer verteilte einen Satzungsentwurf, der im Einzelnen durchgegangen und erörtert wurde.

Der anliegenden Fassung der Satzung mit den Änderungen stimmten alle Gründungsmitglieder durch Handzeichen zu. Der Versammlungsleiter stellte fest, dass damit der Verein „Musikschule Wunstorf" gegründet ist, und forderte alle Gründungsmitglieder auf, die Gründung durch Unterzeichnung der Satzung zu bestätigen. Daraufhin unterzeichneten diese die Satzung.

TOP 2a: Die Wahl der Vorstandsmitglieder wurde durchgeführt. Zu Vorstandsmitgliedern wurden gewählt:

Vorsitzender: Herr Hans Müller mit 31 Stimmen,
Stellvertretender Vorsitzender: Herr Klaus Röcken mit 30 Stimmen,
Schatzmeisterin: Frau Melina Radke mit 31 Stimmen,
Schriftführerin: Frau Ingrid Eifler mit 19 Stimmen.

Zu Beisitzern für die Dauer von 3 Jahren werden gewählt:

Herr Alfred Knuff mit 29 Stimmen,
Herr Peter Goetze mit 27 Stimmen,
Frau Doris Schmidt mit 31 Stimmen.
Alle Gewählten erklärten, dass sie die Wahl annehmen.

TOP 2b: Zu Kassenprüfern werden gewählt:
Herr Frank Hissler und Herr Michael Berger jeweils einstimmig.
Beide nehmen die Wahl an.

TOP 3: Es werden die nächsten Schritte für die Aufnahme der Vereinstätigkeit erörtert. Es wurde durch Handzeichen einstimmig beschlossen, dass der Vorstand die Eintragung in das Vereinsregister beantragen soll und bis zur Eintragung nur diejenigen Geschäfte vornehmen soll, die zur Eintragung erforderlich sind. Der Vorstand wurde ermächtigt, eventuelle Beanstandungen der Satzung zu beheben.
Der Mitgliedsbeitrag wurde einstimmig auf 5,00 € im Monat, fällig jeweils zum 10. des Monats, erstmalig am 10.1.2013 festgesetzt.
Der Versammlungsleiter schloss um 21.00 Uhr die Versammlung.

Wunstorf, den 6. Dezember 2012

gez. Versammlungsleiter   gez. Protokollführer

Anlage:
Anwesenheitsliste mit Namen, Anschriften und Unterschriften

Was ist das Vereinsregister?

Das Vereinsregister wird bei den Amtsgerichten geführt und ist ein amtliches Verzeichnis der eingetragenen Vereine. Eingetragen werden Neueintragungen, Änderungen und Löschungen des Vereins (Name und Satzung) und die zur gesetzlichen Vertretung (vgl. § 26 BGB) ermächtigten Vorstandsmitglieder.

Zurzeit werden die Register bundesweit auf ein elektronisches Verfahren umgestellt.

Wenn die Eintragung des Vereins in das Vereinsregister angestrebt wird, muss dies in der Satzung vermerkt und ein Beschluss gefasst werden. Mit der Eintragung ins Vereinsregister erhält der Name des Vereins den Zusatz „eingetragener Verein" (e.V.). Empfehlenswert ist die Eintragung in das Vereinsregister spätestens dann, wenn Verträge geschlossen oder wenn Mitarbeiter entgeltlich beschäftigt werden sollen.

Hinweis

Bei einem nicht eingetragenen Verein haften die handelnden Personen neben dem Vereinsvermögen mit ihrem Privatvermögen.

Die Anmeldung zur Eintragung ins Vereinsregister hat der in der Gründungsversammlung gewählte und zur Vertretung berechtigte Vorstand vorzunehmen. Die Eintragung in das Vereinsregister ist auch der Legitimationsnachweis des Vorstands gegenüber Außenstehenden (z.B. bei Eröffnung eines Bankkontos).

Muster einer Anmeldung zum Vereinsregister

(Name und Anschrift des Vereins)
An das Amtsgericht – Vereinsregister

Eintragung eines Vereins in das Vereinsregister

Die Unterzeichneten melden zur Eintragung in das Vereinsregister an:
Den neu gegründeten Verein XYZ, dessen Satzung am *TTMMJJJJ* errichtet worden ist.
Als Vorstand dieses Vereins:

a) Den 1. Vorsitzenden
Herrn *Vorname Name, geb.: Anschrift*

---

b) Den stellvertretenden Vorsitzenden … *(wie vorstehend)*
Die beiden Vorstandsmitglieder sind nach § 26 Satz 1 BGB unbeschränkt jeweils allein vertretungsberechtigt.
Der Anmeldung sind beigefügt:
Die am *TTMMJJJJ* errichtete, von sieben Vereinsmitgliedern unterschriebene Satzung in Urschrift und in zwei beglaubigten Abschriften und als Datei.
Eine Abschrift des Gründungsversammlungsprotokolls vom *TTMMJJJJ*, aus der sich auch die Vorstandsbestellung ergibt.
Die Anschrift des Vereins lautet: *Anschrift.*

Stadt, den   Unterschrift

Bei der Anmeldung des Vereins ist Folgendes zu beachten:

→ Die Unterschriften unter der Anmeldung müssen amtlich (notariell) beglaubigt sein.
→ Die Satzung muss in Urschrift und als Datei vorgelegt werden.
→ Ebenso vorgelegt werden muss das Protokoll der Gründungsversammlung.

Der Notar reicht die Unterlagen bei Gericht ein.

Bei Vorlage einer Freistellungsbescheinigung wegen Gemeinnützigkeit entstehen in den meisten Bundesländern keine Gerichtskosten. Die Gebühren des Notars betragen rund 30 Euro für die Unterschriftsbeglaubigung und die Einreichung.

Tipp

Legen Sie den Entwurf der Satzung vor der Eintragung dem Finanzamt vor. Mögliche Beanstandungen können Sie unbürokratisch und kostenfrei vor der Eintragung in das Vereinsregister beheben. Verwenden Sie dafür unbedingt die Vorgaben der „Steuer-Mustersatzung" (siehe weiter unten).

Gemeinnützige Vereine

Vereine können vom Finanzamt als gemeinnützig anerkannt werden, wenn sie nach ihrer Satzung und der tatsächlichen Geschäftsführung ausschließlich, unmittelbar und selbstlos gemeinnützige, mildtätige oder kirchliche Zwecke fördern.

Vorteile gemeinnütziger Vereine

Mit der Anerkennung als steuerbegünstigter Verein werden in den wichtigen Steuerarten Steuervergünstigungen gewährt:

→ Steuerfreiheit der Gewinne bei der Verwirklichung der Satzungszwecke (Zweckbetrieb),

→ Steuerbefreiung von wirtschaftlichen Tätigkeiten, wenn die wirtschaftlichen Einnahmen insgesamt 35.000 Euro im Jahr nicht übersteigen (§ 64 Abs. 3 AO),

→ Steuerbefreiung der Gewinne aus sportlichen Veranstaltungen, wenn bestimmte Grenzen nicht überschritten werden (§ 67a AO),

→ Befreiung von der Abgeltungsteuer für Zinserträge,

→ Steuerbefreiungen bei vielen typischen Umsätzen von Vereinen (Wohlfahrt, Kultur, Bildung, Sport, Jugend), §§ 4 Nr. 14–25 UStG),

→ Umsatzsteuerbefreiung für Einnahmen aus ehrenamtlicher Tätigkeit (§ 4 Nr. 26b UStG),

→ Steuerermäßigung auf 7 % der Umsätze im Vereinszweck (§ 12 Abs. 2 Nr. 8 UStG),

→ Befreiung von der Grundsteuer, Erbschaft- und Schenkungsteuer,

→ Einkommensteuerbefreiung der Vergütungen der Mitarbeiter bei bestimmten nebenberuflichen Tätigkeiten im gemeinnützigen Bereich bis 2.400 Euro im Jahr (§ 3 Nr. 26 EStG),

→ Befreiung von Aufwandsentschädigungen für ehrenamtliche Tätigkeiten bis 720 Euro im Jahr (§ 3 Nr. 26a EStG),

→ darüber hinaus ist ein gemeinnütziger Verein zum Empfang von Spenden berechtigt, welche beim Spender steuerlich abziehbar sind (§ 10b EStG).

Gemeinnützige Organisationen erhalten auch in anderen Bereichen Vergünstigungen. Zu nennen sind:

→ die Gewährung von öffentlichen Zuschüssen für die Vereinsarbeit,
→ die Befreiung von Eintragungsgebühren im Vereinsregister,
→ die Mitgliedschaft in Dachverbänden,
→ die kostenlose bzw. verbilligte Nutzung von öffentlichen Einrichtungen oder Gebäuden.

Anerkennung als gemeinnütziger Verein

Über die Anerkennung der Gemeinnützigkeit entscheidet das Finanzamt. Dort sollten Sie den Inhalt der Satzung bereits vor der Gründung vorlegen. Die Voraussetzungen der Gemeinnützigkeit müssen sich aus der Satzung ergeben und in den Folgejahren aus der Tätigkeit des Vereins und der Einhaltung der Satzungsbestimmungen.

Gemeinnützige Zwecke

Das steuerliche Gemeinnützigkeitsrecht ist in der Abgabenordnung (§§ 51 bis 68 AO) geregelt (siehe Anhang). Die Zwecke der gemeinnützig, mildtätig oder kirchlich ausgerichteten Vereine werden unter dem Begriff „steuerbegünstigte Zwecke" zusammengefasst. Ein Verein dient gemeinnützigen Zwecken, wenn seine Tätigkeit darauf gerichtet ist, die Allgemeinheit auf materiellem, geistigem oder sittlichem Gebiet selbstlos zu fördern.

Die gemeinnützigen Zwecke sind in § 52 AO aufgezählt. Sie lassen sich unterscheiden zum einen in die **Förderung von bestimmten sachlichen Zwecken**, beispielsweise:

→ Naturschutz,
→ Jugend,
→ Wohlfahrtswesen,

→ Kunst und Kultur,

→ Hilfe für bedürftige Menschen,

→ Tierschutz,

→ demokratisches Staatswesen,

und zum anderen in die **Förderung der eigenen Freizeit,** beispielsweise:

→ Sport,

→ Kleingärtnerei,

→ traditionelles Brauchtum,

→ Mitwirkung in Chor oder Orchester.

•••••••••••••••••••••••••••••••••••••••

Achtung

Die Aufgaben und Inhalte eines Vereins werden als Zweck bezeichnet. Geselligkeit ist kein begünstigter Zweck. Jedoch schließen gelegentliche gesellige Zusammenkünfte die Gemeinnützigkeit genauso wenig aus wie die selbstverständliche Freude an der Vereinsarbeit, zusammen mit anderen Gleichgesinnten.

•••

Voraussetzungen der Gemeinnützigkeit

Als Grundlage der Gemeinnützigkeit hat der Gesetzgeber steuerrechtliche Satzungsbestimmungen vorgegeben, die wörtlich in die Satzung aufgenommen werden müssen.

Anlage 1 (zu § 60) der Abgabenordnung (AO) (Auszug)

(nur aus steuerlichen Gründen notwendige Bestimmungen)
Der ... Verein mit Sitz in ... verfolgt ausschließlich und unmittelbar – gemeinnützige – mildtätige – Zwecke (nicht verfolgte Zwecke streichen) im Sinne des Abschnitts „Steuerbegünstigte Zwecke" der Abgabenordnung.

Zweck des Vereins ist ... (z.B. die Förderung von Jugend- und Altenhilfe, Erziehung, Volks- und Berufsbildung, Kunst und Kultur, Landschaftspflege, Umweltschutz, des öffentlichen Gesundheitswesens, des Sports, Unterstützung hilfsbedürftiger Personen).

Der Satzungszweck wird verwirklicht insbesondere durch ... (z.B. Unterhaltung einer Erziehungsberatungsstelle, Pflege von Kunstsammlungen, Pflege des Liedgutes und des Chorgesanges, Errichtung von Naturschutzgebieten, Unterhaltung eines Kindergartens, Kinder-, Jugendheimes, Unterhaltung eines Altenheimes, eines Erholungsheimes, Bekämpfung des Drogenmissbrauchs, des Lärms, Förderung sportlicher Übungen und Leistungen).

Der Verein ist selbstlos tätig; er verfolgt nicht in erster Linie eigenwirtschaftliche Zwecke.

Mittel des Vereins dürfen nur für die satzungsmäßigen Zwecke verwendet werden. Die Mitglieder erhalten keine Zuwendungen aus Mitteln des Vereins. Es darf keine Person durch Ausgaben, die dem Zweck des Vereins fremd sind, oder durch unverhältnismäßig hohe Vergütungen begünstigt werden.

Bei Auflösung des Vereins oder bei Wegfall steuerbegünstigter Zwecke fällt das Vermögen des Vereins

Alternativ entweder:

an ... (Bezeichnung einer juristischen Person des öffentlichen Rechts oder einer anderen steuerbegünstigten Körperschaft), die es unmittelbar und ausschließlich für gemeinnützige oder mildtätige Zwecke zu verwenden hat.

oder an eine juristische Person des öffentlichen Rechts oder eine andere steuerbegünstigte Körperschaft zwecks Verwendung für ... (Angabe eines bestimmten gemeinnützigen oder mildtätigen Zwecks, z.B. Förderung von Erziehung, Volks- und Berufsbildung, des Sports, der Unterstützung von Personen, die im Sinne von § 53 der Abgabenordnung wegen ... bedürftig sind).

Darüber hinaus ist im Rahmen der täglichen Vereinsarbeit darauf zu achten, dass die praktizierte Geschäftsführung auf die ausschließliche und unmittelbare Erfüllung der steuerbegünstigten Zwecke gerichtet ist.

Förderung der Allgemeinheit

Grundlage der Gemeinnützigkeit ist neben der Erfüllung einer oder mehrerer der vorgegebenen begünstigten Zwecke die Förderung der Allgemeinheit. Diese ist nicht gegeben, wenn der Kreis der Personen, dem die Förderung zugutekommt, fest abgeschlossen ist, wenn zum Beispiel eine Familie oder die Belegschaft eines Unternehmens allein die Begünstigten sind.

Auch ein Verein, dessen Tätigkeit in erster Linie seinen Mitgliedern zugutekommt (z.B. Sportvereine, Vereine zur Förderung der Tierzucht, der Pflanzenzucht, der Kleingärtnerei, des traditionellen Brauchtums etc.), fördert nicht die Allgemeinheit, wenn er den Kreis der Mitglieder durch hohe Aufnahmegebühren oder Mitgliedsbeiträge und -umlagen klein hält. Die jährlichen Mitgliedsbeiträge dürfen 1.023 Euro und die Aufnahmegebühren 1.534 Euro nicht übersteigen.

Mildtätige und kirchliche Zwecke

Zu den gemeinnützigen Zwecken gehören auch Mildtätigkeit und die Förderung kirchlicher Zwecke.

Mildtätigkeit liegt vor, wenn der Zweck des Vereins darauf gerichtet ist, Personen selbstlos zu unterstützen, die infolge ihres körperlichen, geistigen oder seelischen Zustands auf die Hilfe anderer angewiesen sind oder die wirtschaftlich hilfsbedürftig sind (§ 53 AO). Im Rahmen der Mildtätigkeit wird also nicht ein begünstigtes Anliegen unterstützt, vielmehr werden hilfsbedürftige Menschen versorgt.

Ein kirchlicher Zweck liegt vor, wenn die Tätigkeit darauf gerichtet ist, eine Religionsgemeinschaft des öffentlichen Rechts zu fördern, sie also einer Kirche nahestehend sind.

Selbstlosigkeit

Die Gemeinnützigkeit beruht auch auf dem Prinzip der Selbstlosigkeit. Selbstlosigkeit liegt vor, wenn durch die Tätigkeit des Vereins nicht in erster Linie eigenwirtschaftliche Zwecke des Vereins selbst oder seiner Mitglieder gefördert werden. Selbstlosigkeit bedeutet Uneigennützigkeit. Das schließt ein gewisses ideelles Eigeninteresse nicht aus, jedoch dürfen keine gewerblichen bzw. eigenwirtschaftlichen Zwecke im Vordergrund stehen.

Beispiel

• •

Sie gründen den Verein „Fitness für Alle", um Ihr kommerzielles Fitness-Studio besser auszulasten.

Nach der Gründung, die Sie mit sechs weiteren Mitarbeitern des Vereins vollzogen haben, bietet der Verein Kurse im Fitness-Studio an, die hauptsächlich von Ihnen und den anderen Gründungsmitgliedern geleitet und durchgeführt werden. Um die Aufnahme einer breiten Mitgliederzahl bemühen Sie sich nicht, im Gegenteil: Sie schrecken Interessenten ab, indem Sie den Mitgliedern keinerlei Vorteile bei der Nutzung der Geräte gewähren.

Fazit: Sie verstoßen gegen das Gebot der Selbstlosigkeit, da Sie vorwiegend an Ihren eigenen Nutzen denken.

Die Vereinsregister lehnen in letzter Zeit unter Hinweis auf § 21 BGB die Eintragung ab, wenn nach der Satzung vorrangig ein wirtschaftlicher Geschäftsbetrieb begründet werden soll. Dies wird selbst beim Betrieb von gemeinnützigen Einrichtungen (z.B. Kindergärten, Konzertaufführungen, Freibäder) praktiziert.

• •

Ausschließlichkeit

Gemeinnützig handelt ein Verein nur, wenn er ausschließlich die in seiner Satzung aufgeführten steuerbegünstigten Zwecke verfolgt. Wollen Sie steuerbegünstigte Zwecke verfolgen, die nicht in der Satzung genannt sind, müssen Sie deshalb zunächst eine Satzungsänderung vornehmen. (Siehe dazu auch Kapitel 4)

Beispiel

• •

Ein Schützenverein möchte nicht nur Sportschießen betreiben, sondern auch einen Spielmannszug aufbauen. Ein Spielmannszug erfüllt den Satzungszweck der „Förderung des traditionellen Schützenwesens". In Ihrer Satzung ist aber nur die Ausübung des Schießsports geregelt.

In die Satzung muss also zusätzlich als Zweck „Förderung der Kultur" aufgenommen werden.

Der Grundsatz der Ausschließlichkeit bedeutet aber nicht, dass dem Verein jede wirtschaftliche Betätigung versagt wäre. Werbung, der Verkauf von Sportartikeln, der Betrieb einer Vereinsgaststätte und Ähnliches stehen der Gemeinnützigkeit nicht entgegen, soweit diese wirtschaftliche Betätigung dem Verein nicht das Gepräge gibt. (Mehr zur wirtschaftlichen Betätigung von Vereinen finden Sie in den Kapiteln 6 und 8.)

Unmittelbarkeit

Ein Verein muss seine Ziele unmittelbar verfolgen. Er muss selbst tätig sein und nach außen in eigenem Namen handeln. Es reicht nicht aus, sporadisch andere Vereine mit der gleichen Zielsetzung zu unterstützen. Zulässig ist jedoch die Überlassung von eigenen Arbeitskräften und eigenen Räumen an andere steuerbegünstigte Vereine.

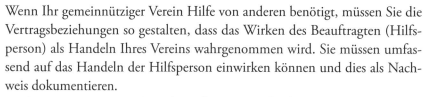

Beispiel

Der Musikverein Wunstorf überlässt die Übungsräume auch anderen Vereinen für Übungsstunden und Aufführungen. Dies ist zulässig, weil auch damit der Satzungszweck Kultur unmittelbar gefördert wird.

Wenn Ihr gemeinnütziger Verein Hilfe von anderen benötigt, müssen Sie die Vertragsbeziehungen so gestalten, dass das Wirken des Beauftragten (Hilfsperson) als Handeln Ihres Vereins wahrgenommen wird. Sie müssen umfassend auf das Handeln der Hilfsperson einwirken können und dies als Nachweis dokumentieren.

Ausgenommen vom Grundsatz der Unmittelbarkeit sind außerdem Fördervereine, bei denen die Mittelbeschaffung für andere steuerbegünstigte Organisationen als Satzungszweck festgelegt ist.

Fördervereine oder Spendensammelvereine sind Vereine, deren Hauptzweck das Sammeln von Mitteln für die steuerbegünstigten Zwecke anderer Vereine oder öffentlicher Einrichtungen ist. Beispiele für solche Vereine bzw. öffentliche Einrichtungen sind zoologische Gärten, Theater, Museen und die Jugendarbeit anderer Vereine.

In der Satzung des Fördervereins muss klar und eindeutig festgelegt sein, für welchen Zweck bzw. an welche andere begünstigte Organisation die Mittel fließen sollen.

Beispiel für die Satzungsklausel eines Fördervereins

Zweck des Vereins ist die Beschaffung von Mitteln für die Musikschule Wunstorf e.V. zur Verwirklichung ihrer steuerbegünstigten Zwecke.

Dieser Satzungszweck wird insbesondere durch den Kauf von Musikinstrumenten, die Bezahlung von Musikunterricht für bedürftige Schüler und für die Gewährung von Zuschüssen für die Ausrichtung von Konzerten verwirklicht.

Kapitel 2

Die Mitglieder des Vereins

Grundlage des Vereins sind seine Mitglieder. In diesem Kapitel werden die Aufnahme in einen Verein und die Beendigung der Mitgliedschaft sowie die Rechte und Pflichten der Mitglieder behandelt.

Ein Verein lebt durch seine Mitglieder, denn sie sichern den Fortbestand des Vereins. Aus diesem Grund ist es für einen Verein wichtig, seine Mitglieder zu halten und neue Mitglieder zu gewinnen.

Von zentraler Bedeutung sind zudem die Rechte und Pflichten, die mit einer Vereinsmitgliedschaft verbunden sind, sowie die Frage, wie eine solche beendet werden kann.

Wie gewinne ich Mitglieder?

Es bieten sich verschiedene Möglichkeiten, um auf einen Verein aufmerksam zu machen und so neue Mitglieder zu werben. Eine wirksame Öffentlichkeitsarbeit mit einem gelungenen Internetauftritt, aussagekräftigen Werbematerialien sowie regelmäßigen Informationsveranstaltungen ist eine der Voraussetzungen. (Mehr zur Öffentlichkeitsarbeit finden Sie in Kapitel 7.)

Am wichtigsten sind jedoch die eigenen Mitglieder, denn zufriedene Mitglieder engagieren sich, wenn es um die Weiterempfehlung *ihres* Vereins geht. Leider werden die eigenen Mitglieder als „Werbeträger" häufig unterschätzt.

Wer entscheidet über die Mitgliedschaft?

Wie die Aufnahme eines Mitglieds erfolgt, muss sich aus der Satzung ergeben. Hier sollten die Zuständigkeit und das Verfahren geregelt werden.

Neben dem Vorstand kann auch die Mitgliederversammlung oder ein weiteres Organ über Aufnahmeanträge entscheiden. Wir empfehlen, dass der Vorstand abschließend über die Aufnahme von Mitgliedern entscheidet. Dabei besteht grundsätzlich kein Aufnahmezwang. Wenn der Vorstand der Auffassung ist, dass ein Bewerber nicht in den Verein passt, sollte dieser allein über die Aufnahme entscheiden können. Eine „Berufungsmöglichkeit" an die Mitgliederversammlung ist nicht empfehlenswert. In der Satzung würde sich eine solche Regelung wie folgt darstellen:

Satzungsregelung zur Aufnahme von Mitgliedern

Mitglieder

§ ... Mitgliedschaft
Die Mitgliedschaft kann schriftlich beim Vorstand beantragt werden. Dieser
entscheidet abschließend.

Bei der Aufnahme von neuen Mitgliedern sollten Sie einen schriftlichen Aufnahmeantrag verwenden. Dieser bietet folgende Vorteile:

→ Alle erforderlichen Daten können einfach erhoben werden.
→ Das Mitglied erteilt eine Einzugsermächtigung für die Mitgliedsbeiträge.
→ Das neue Mitglied verpflichtet sich schriftlich zur Leistung der Bei-
  träge.
→ Das Mitglied bestätigt schriftlich die Kenntnisnahme der Satzung.
→ Da der Verein verpflichtet ist, seinen Mitgliedern darüber Auskunft zu
  geben, welche ihrer Daten gespeichert werden, kann er so diesen Auskunfts-
  anspruch nach dem Bundesdatenschutzgesetz erfüllen.

Muster eines Aufnahmeantrags

Hiermit beantrage ich die Mitgliedschaft in dem Verein Musikschule Wunstorf
e. V.
Name:
Vorname:
Geburtsdatum:
Anschrift:
E-Mail:

Ich habe Kenntnis von der Satzung und der Beitragsordnung genommen und
erkenne diese an.

Ort, Datum, Unterschrift

Zusatz (bei minderjährigen Mitgliedern)

Ich stimme dem Aufnahmeantrag meines Kindes ____ zu.

Gleichzeit erkläre ich, dass ich für die Beitragsverpflichtung meines Kindes ____ einstehe.

Ort, Datum, Unterschrift

Hiermit erkläre ich mein Einverständnis, dass der Verein Musikschule Wunstorf e. V. die fälligen Mitgliedsbeiträge von meinem Konto: _____ einzieht. Wenn mein Konto die erforderliche Deckung nicht aufweist, besteht seitens des kontoführenden Kreditinstitutes keine Verpflichtung zur Einlösung. Diese Ermächtigung ist jederzeit widerruflich.

Ort, Datum, Unterschrift

Mir ist bekannt, dass der Verein Musikschule Wunstorf e.V. meine o.g. Daten ausschließlich zu Vereinszwecken speichert und sie nicht an Dritte weitergibt. Eine Weitergabe der Daten erfolgt ausschließlich zu Vereinszwecken. Hiermit erkläre ich mich ausdrücklich einverstanden.

Ort, Datum, Unterschrift

Beachten Sie: Im Aufnahmeantrag muss das Mitglied gesondert die Einwilligung zur Teilnahme am Lastschriftverfahren geben und die Kenntnisnahme zur Verarbeitung und Auswertung seiner persönlichen Daten durch seine Unterschrift anerkennen.

Die Rechte und Pflichten der Mitglieder

Arten von Mitgliedschaften

Sowohl die Rechte als auch die Pflichten der Mitglieder müssen in der Satzung festgehalten werden. Grundsätzlich haben alle Mitglieder dieselben Rechte und Pflichten. Eine Ausnahme kann sich nur ergeben, wenn die Satzung Unterschiede bezüglich der Mitgliedschaft macht. So sehen viele Satzungen vor, dass es unterschiedliche Arten von Mitgliedschaften gibt:

Aktive und passive Mitglieder

Gerade in Sportvereinen ist es üblich, dass zwischen einer „aktiven" und einer „passiven" Mitgliedschaft unterschieden wird. Während das aktive Mitglied die Einrichtungen des Vereins nutzt, belässt es das passive Mitglied bei der reinen inaktiven Mitgliedschaft. Teilweise wird für aktive Mitglieder der Begriff der „ordentlichen Mitglieder" verwendet.

Fördermitglieder

Auch Fördermitglieder nutzen die Vereinseinrichtungen nicht und beschränken sich auf die „Förderung" des Vereins in der Regel durch finanzielle Unterstützung.

Jugendliche Mitglieder

Jugendliche Mitglieder werden bei der Beitragsbemessung meist entlastet.

Familienmitgliedschaft

Es besteht auch die Möglichkeit, dass eine ganze Familie Mitglied wird. So erreicht man eine größere Bindung der Mitglieder an den Verein.

Ehrenmitglieder

Verdiente Mitglieder wie langjährige Vorstandsmitglieder können mit einer „Ehrenmitgliedschaft" geehrt werden. Häufig wird damit eine Beitragsbefreiung verbunden.

Satzungsregelung zur Mitgliedschaft

Mitglieder

§ ... Mitgliedschaft

1. Der Verein hat die folgenden Mitglieder:
   - Aktive und passive Mitglieder sowie
   - Ehrenmitglieder.
2. Nur aktive Mitglieder, welche an den Wettkämpfen des Vereins teilnehmen, haben auf der Mitgliederversammlung ein Stimmrecht.
3. Mitglieder, welche sich um den Verein besonders verdient gemacht haben, können durch Beschluss der Mitgliederversammlung zu Ehrenmitgliedern ernannt werden. Diese sind von der Verpflichtung zur Beitragszahlung befreit.

Die Rechte der Mitglieder

Ein großer Teil der Rechte ergibt sich aus dem Vereinsleben selbst. So haben die Mitglieder das Recht,

→ an der Mitgliederversammlung teilzunehmen,

→ in der Mitgliederversammlung abzustimmen,

→ eine außerordentliche Mitgliederversammlung einberufen zu lassen,

→ einen Auskunftsanspruch gegenüber dem Vorstand geltend zu machen,

→ auf Schutz ihrer persönlichen Daten,

→ die Einrichtungen des Vereins zu nutzen.

Diese Rechte sind geschützt. Wird das Mitglied an der Ausübung seiner Rechte gehindert, kann es unter Umständen auch gerichtliche Hilfe in Anspruch nehmen, um diese durchzusetzen. So hat ein Verein z.B. seinen Mitgliedern die Einrichtungen (Sportplatz oder Übungsräume) zur Verfügung zu stellen. Auf diese Nutzung hat das Mitglied ein Anrecht. Sofern es durch die Satzung nicht ausgeschlossen ist, hat jedes Mitglied ein Stimmrecht, welches nicht verweigert werden darf.

Darüber hinaus haben Mitglieder ein Recht auf Datenschutz. Vereine haben die Verpflichtung, die datenschutzrechtlichen Bestimmungen des Bundesdatenschutzgesetzes (BDSG) zu beachten. Demnach dürfen sie nur die Daten erheben und speichern, die sie für ihre Vereinszwecke benötigen (Grundsatz der Datensparsamkeit). Auch eine Weitergabe der Daten an Dritte ist nur in einem eingeschränkten Maß zulässig.

Schlussendlich hat das einzelne Mitglied gegenüber dem Verein einen Auskunftsanspruch (§ 33 BDSG). Danach ist das Mitglied durch den Verein darüber zu informieren, dass seine personenbezogenen Daten (Name, Anschrift und sonstige persönliche Daten) gespeichert werden und was mit diesen gespeicherten Daten passiert. Diesen Auskunftsanspruch können Sie im Rahmen des Aufnahmeantrags oder auch in der Satzung erfüllen.

Sie sollten in die Satzung aufnehmen, welche Daten Sie erheben und was Sie mit diesen Daten machen.

Satzungsregelung zum Datenschutz

Mitglieder

§ ... Mitgliedschaft

(...)

Im Rahmen der Mitgliederverwaltung werden von den Mitgliedern folgende Daten erhoben (Name, Vorname ...). Diese Daten werden im Rahmen der Mitgliedschaft verarbeitet und gespeichert. Als Mitglied des [Name] Verbandes muss der [Name] Verein die Daten seiner Mitglieder [Name, Vorname, Funktion ...] an den [Name] Verband weitergeben. Der Verein veröffentlicht Daten seiner Mitglieder [auf der Homepage, der Vereinszeitschrift, dem Schwarzen Brett, dem Schaukasten] nur, wenn die Mitgliederversammlung einen entsprechenden Beschluss gefasst hat und das Mitglied nicht widersprochen hat.

Verstöße gegen datenschutzrechtliche Bestimmungen können mit Bußgeldern geahndet werden!

Die Pflichten der Mitglieder

Ein geordnetes Vereinsleben ist nur möglich, wenn die Regeln klar aufgestellt werden. Wenn es Verpflichtungen für die Mitglieder gibt, müssen diese klar und verständlich in der Satzung niedergeschrieben sein. Denn die Mitglieder können sich nur anhand der Satzung ein Bild von ihren Verpflichtungen machen.

Typische Verpflichtungen sind:

→ die Treuepflicht,
→ die Pflicht zur Beitragszahlung sowie
→ die Verpflichtung zur Zahlung von Umlagen.

Die Treuepflicht des Mitglieds besagt, dass es nicht gegen die Vereinsinteressen verstoßen darf und sich für die Verwirklichung des Vereinszweckes einsetzen muss.

Da sich der Verein in der Regel durch Beiträge finanziert, ist das Mitglied zur Leistung von Beiträgen verpflichtet. Wenn die Satzung auch die Erhebung von Umlagen vorsieht, muss das Mitglied auch die beschlossenen Umlagen zahlen.

Verstößt das Mitglied gegen seine Pflichten, kann dies eine Vereinsstrafe zur Folge haben. Mehr zu den Vereinsstrafen siehe Kapitel 11.

Kommunikation mit den Mitgliedern

Am besten kommunizieren Sie mit den Mitgliedern per E-Mail. Immerhin hält sich die weit überwiegende Zahl der Menschen regelmäßig im Internet auf. Die neue Generation der Smartphones verbindet darüber hinaus Telefon und Internet.

Informieren Sie die Mitglieder per E-Mail kurz über Termine und Beschlüsse. Bei längeren Texten verweisen Sie am besten mittels eines Links auf ausführlichere Darstellungen im Internet oder Sie fügen einen Anhang zur E-Mail bei.

Halten Sie die Mitglieder immer auf dem neuesten Stand, denn aktuelle Informationen motivieren zur Teilnahme und Mitarbeit! Sprechen Sie die Mitglieder außerdem direkt an: Ein Aufruf zur Mitarbeit bei der nächsten Veranstaltung oder Aktion wirkt bei einer direkten Ansprache eher als bei einem allgemeinen „Mitmach-Apell".

Satzungsregelung zur Kommunikation

Die Kommunikation im Verein kann in Textform (auch mittels elektronischer Medien) erfolgen. Mitteilungen jeglicher Art gelten als zugegangen, wenn sie an die dem Verein bekanntgegebene Anschrift oder E-Mail-Anschrift gerichtet sind.

Beendigung der Mitgliedschaft

Sowohl für den Verein als auch für das Mitglied kann sich die Notwendigkeit ergeben, die Mitgliedschaft zu beenden. Um hier Streitigkeiten bereits im Vorfeld zu vermeiden, sollte eine klare und verständliche Satzungsregelung bestehen.

Dabei sollte zwischen den verschiedenen Beendigungsformen unterschieden werden: Der Verein kann ein Mitglied entweder ausschließen oder seine Mitgliedschaft kündigen. Auch dem Mitglied steht eine Kündigungsmöglichkeit zu.

Um Planungssicherheit zu haben, sollten in der Satzung entsprechende Kündigungsfristen vorgesehen werden.

Beendigung der Mitgliedschaft durch den Verein

Da die Mitgliedschaft ein durch das BGB geschütztes Recht ist, müssen die Beendigungsformen in der Satzung klar geregelt werden. An diese Verfahrensvorschriften muss der Vorstand sich halten, da ansonsten eine gerichtliche Überprüfung zu dem Schluss kommen kann, dass die Maßnahme nicht wirksam war.

In der Satzung kann geregelt werden, dass die Mitgliedschaft auf eine der folgenden Arten beendet werden kann:

1. Kündigung,
2. Streichung von der Mitgliederliste oder
3. Ausschluss aus dem Verein.

Eine Kündigung der Mitgliedschaft kann in der Satzung vorgesehen werden, wenn zwar kein schwerwiegender Verstoß gegen die Satzung vorliegt, aber der Verein sich dennoch von dem Mitglied trennen möchte. Die Kündigung ist mit einer Frist auszusprechen und muss vom Vorstand begründet werden. Das Mitglied erhält so Gelegenheit, die Kündigungsgründe zu überprüfen und sich von deren Rechtmäßigkeit zu überzeugen.

Die Streichung von der Mitgliederliste ist im Grunde ein „vereinfachtes Ausschlussverfahren" und stellt bei Nichtzahlung des Mitgliedsbeitrags oder wenn das Mitglied unbekannt verzogen ist ein geeignetes Mittel dar, sich von Mitgliedern zu trennen.

Der Ausschluss aus dem Verein stellt den stärksten Eingriff in die Rechte des Mitglieds dar und sollte nur als letzte Möglichkeit gesehen werden. Die Voraussetzungen werden in Kapitel 11 ausführlich dargestellt.

Beendigung der Mitgliedschaft durch das Mitglied

Das Mitglied kann seine Mitgliedschaft jederzeit kündigen. Die Kündigung ist grundsätzlich nur unter Einhaltung einer Frist möglich und sollte schriftlich zu einem festen Termin erfolgen.

Eine Erschwerung der Kündigung durch einen Begründungszwang oder besondere Formvorschriften *(„nur durch eingeschriebenen Brief")* ist nicht zulässig.

Eine fristlose Kündigung durch das Mitglied ist dagegen nur möglich, wenn ein sogenannter wichtiger Grund vorliegt. Ein wichtiger Grund liegt nach der Rechtsprechung vor, wenn für das Vereinsmitglied bei Verbleib im Verein bis zum Ablauf der satzungsgemäßen Kündigungsfrist eine unerträgliche Belastung entstehen würde, die dem Mitglied nicht zugemutet werden darf. Hier ist eine Abwägung der Interessen erforderlich. Eine Beitragserhöhung allein reicht in der Regel aber nicht aus, um einen wichtigen Grund anzunehmen. So wurde in der Rechtsprechung eine Beitragserhöhung von 40 % als nicht ausreichend für eine fristlose Kündigung der Mitgliedschaft angesehen.

Satzungsregelung zur Beendigung der Mitgliedschaft

Mitglieder

§ ... Mitgliedschaft

1. Die Mitgliedschaft endet durch
   - Tod,
   - Kündigung durch den Verein oder das Mitglied,
   - Streichung von der Mitgliederliste,
   - Ausschluss aus dem Verein.
2. Die Kündigung durch den Verein kann durch den Verein mit einer Kündigungsfrist von sechs Wochen zum Jahresende ausgesprochen werden. Die Kündigung ist zu begründen.
3. Die Kündigung durch das Mitglied erfolgt durch schriftliche Erklärung gegenüber dem Vorstand. Sie ist nur mit einer Frist von sechs Wochen zum Jahresende möglich.
4. Die Streichung von der Mitgliederliste ist möglich, wenn das Mitglied seinen Beitragsverpflichtungen trotz Mahnung länger als zwei Monate nicht nachgekommen ist oder wenn es unbekannt verzogen ist oder sein Aufenthalt länger als ein Jahr unbekannt ist.
5. Ein Mitglied kann durch den Vorstand aus dem Verein ausgeschlossen werden, wenn es gegen die Vereinsinteressen in grober Weise verstoßen hat. Vor dem Ausschlussbeschluss ist das Mitglied anzuhören.

Gegen den Ausschlussbeschluss kann das Mitglied mit einer Frist von vier Wochen schriftlich Berufung an die Mitgliederversammlung einlegen. Bis zum Abschluss des Verfahrens ruhen die mitgliedschaftlichen Rechte.

Achtung: Das Ruhen der mitgliedschaftlichen Rechte entbindet nicht von der Verpflichtung zur Entrichtung des Mitgliedsbeitrages.

Kapitel 3

Welche Stellung hat der Vorstand?

Die rechtlichen Grundlagen des Vereinsbetriebs sind im Bürgerlichen Gesetzbuch (BGB) geregelt. Die wesentlichen Vorschriften für die Vorstandstätigkeit werden nachstehend erläutert.

Nach dem Bürgerlichen Gesetzbuch muss ein Verein einen Vorstand haben, er kann ohne einen Vorstand nicht handeln. Die Einrichtung eines Vorstands wird somit vom Gesetz zwingend vorgeschrieben (§ 26 BGB). Keine Vorgaben macht das BGB dagegen hinsichtlich der Zusammensetzung des Vorstands.

Die Rechte und Pflichten des Vorstands

Jedes Vorstandsmitglied ist für die Einhaltung seiner Pflichten verantwortlich. Vorstandsmitglieder haften persönlich, wenn sie die Aufgaben nicht oder schlecht erfüllen. Verschaffen Sie sich daher bereits vor der Übernahme eines Vorstandsamtes einen Überblick über Ihr Aufgabengebiet. Prüfen Sie kritisch, ob Sie auch zeitlich in der Lage sind, alles zu erledigen. (Näheres zur Haftung finden Sie in Kapitel 10.)

Vertretungsberechtigung des Vorstands

Der Vorstand ist der „gesetzliche Vertreter" des Vereins. Er hat die Aufgaben, die den Verein betreffen, zu erledigen. Der Vorstand vertritt den Verein gerichtlich und außergerichtlich; diese Vertretung ist der Regelfall. Die Vertretungsmacht des Vorstands ist grundsätzlich unbeschränkt, sofern die Satzung sie nicht einschränkt.

Eine Einschränkung der Vertretungsmacht muss sich aus der Satzung ergeben, diese Beschränkung muss darüber hinaus im Vereinsregister eingetragen sein.

Tipp

Eine Beschränkung der Vertretungsmacht kann hilfreich sein, um Missbrauch zu verhindern. Sie sollte aber so geregelt sein, dass der Vorstand nicht handlungsunfähig wird.

Die Vertretungsmacht kann dahingehend eingeschränkt werden, dass die Vertretung entweder durch mehrere Mitglieder des Vorstands nur gemeinschaftlich ausgeübt werden kann oder dass die Vertretungsmacht wertmäßig oder hinsichtlich bestimmter Geschäfte beschränkt wird. Es ist aber auch möglich, diese beiden Möglichkeiten zu kombinieren.

Satzungsregelung zur Vertretung

Vorstand

§ ... Vorstand

(...)

Der Verein wird durch zwei Mitglieder des Vorstands gemeinsam vertreten. Der Vorstand ist nicht berechtigt, Rechtsgeschäfte mit einem Wert von mehr als XXX € abzuschließen. Diese bedürfen der Zustimmung der Mitgliederversammlung.

Sorgfaltspflicht

Dem Vorstand obliegt eine allgemeine Sorgfaltspflicht, die sich nach der Art und Größe des Vereins richtet. Hier sind die Besonderheiten des Vereins zu beachten: Unterhält ein Verein beispielsweise eine Sportanlage oder ein Vereinsheim, so ist eine „Verkehrssicherungspflicht" zu beachten.

Buchführungspflicht

Dem Vorstand obliegt die Pflicht zur Buchführung. Näheres dazu finden Sie in Kapitel 9.

Rechenschaftspflicht

Der Vorstand muss auf der Mitgliederversammlung unaufgefordert und umfassend über seine Tätigkeit und über die finanzielle und wirtschaftliche Lage des Vereins berichten. Die Einzelheiten haben wir in Kapitel 9 zusammengestellt.

Vermögensverwaltungspflicht

Der Vorstand hat das Vermögen des Vereins zu erhalten. Dazu gehört neben einem sorgfältigen Umgang mit dem Vermögen auch die Kontrolle der Einnahmen (Mitgliedsbeiträge, Fördermittel oder Zuschüsse) und Ausgaben des Vereins.

Bemerkt der Vorstand, dass sich die finanzielle Situation des Vereins durch ausbleibende Einnahmen oder gestiegene Ausgaben verschlechtert, muss er frühzeitig gegensteuern. Wenn der Verein nicht (mehr) in der Lage ist, die fälligen Zahlungsverpflichtungen zu erfüllen, kann eine Zahlungsunfähigkeit vorliegen. Dann ist der Vorstand zur Prüfung verpflichtet, ob er einen Antrag auf Eröffnung des Insolvenzverfahrens stellen muss. Die Folgen des Insolvenzverfahrens werden in Kapitel 12 erläutert.

Verpflichtungen aus dem Steuerrecht

Der Verein ist selbst Steuerpflichtiger. Der Vorstand als gesetzlicher Vertreter ist verpflichtet, die steuerrechtlichen Aufgaben zu erfüllen. Näheres zu den steuerrechtlichen Pflichten finden Sie in Kapitel 8.

Registerrechtliche Pflichten

Der eingetragene Verein muss dem Registergericht Änderungen im Verein bekanntgeben, dazu gehören:

➜ jede Änderung des Vorstands (§ 67 BGB),
➜ Änderungen der Satzung (§ 71 BGB).

Darüber hinaus kann das Registergericht vom Vorstand jederzeit eine schriftliche Bescheinigung der Mitgliederzahl verlangen. (Zur Eintragung des Vereins ins Vereinsregister siehe auch Kapitel 1.)

Weitere Aufgaben

Aus der Verfolgung des Satzungszweckes können sich zusätzliche Aufgaben ergeben.

Wie setzt sich der Vorstand zusammen?

Allgemeines

Nachdem Sie sich einen Überblick über die zu erledigenden Aufgaben verschafft haben, sind in der Satzung die Zusammensetzung und die Größe des Vorstands zu regeln. Üblicherweise sollte der Vorstand aus dem Vorsitzenden und zwei Stellvertretern bestehen. Die anfallenden Aufgaben (Finanzbereich und Schriftverkehr) können durch die Stellvertreter erledigt werden. Hier haben sich die Bezeichnungen „Kassierer" und „Schriftführer" eingebürgert.

Bedenken Sie, dass Sie immer ausreichend Mitglieder finden müssen, die bereit sind, ein Vorstandsamt auszuüben. Es entstehen rechtliche Probleme, wenn sich nicht genügend Freiwillige für den Vorstand finden und daher Ämter unbesetzt bleiben müssen.

Die folgende Satzungsregelung sieht einen vertretungsberechtigten Vorstand nach § 26 BGB vor:

Satzungsregelung zur Vorstandsbesetzung

§ ... Vorstand

Der Vorstand i. S. d. § 26 BGB setzt sich wie folgt zusammen:
- dem Vorsitzenden,
- dem stellvertretenden Vorsitzenden und
- dem Kassierer.

Daneben kann auch ein „erweiterter Vorstand" oder „Gesamtvorstand" geschaffen werden, welchem weitere Aufgabenbereiche zugewiesen werden können. Dieser ist jedoch nach außen nicht vertretungsberechtigt. In der Bezeichnung dieses zusätzlichen Organs ist der Verein frei (Beirat etc.). Sinnvoll ist eine solche Einrichtung, wenn der Vorstand nicht alle Aufgaben alleine erledigen kann. Viele Vereine haben einen Gesamtvorstand, welcher sich um die Bereiche „Öffentlichkeitsarbeit", „Fundraising" oder „Jugend" kümmert.

Satzungsregelung zum erweiterten Vorstand

§ ... Erweiterter Vorstand

Neben dem Vorstand i. S. d. § 26 BGB gibt es einen erweiterten Vorstand. Dieser besteht aus dem Vorstand und den folgenden Positionen:
- dem Schriftführer,
- dem Beauftragten für Öffentlichkeitsarbeit und
- bis zu zwei Beisitzern.

Ressortaufteilung

Um eine klare Abgrenzung und Aufgabenzuweisung innerhalb des Vorstands zu erreichen, empfiehlt es sich, eine schriftliche Ressortaufteilung zu fassen. Diese wird in der Regel in der Geschäftsordnung des Vereins festgelegt.

Eine Ressortaufteilung führt in einem Haftungsfall zu einer Haftungserleichterung. Wenn sich daraus ergibt, dass ein Vorstandsmitglied für einen bestimmten Bereich nicht zuständig war, kann es sich darauf berufen und so der Haftung entgehen. (Mehr zur Haftung siehe Kapitel 10)

Ausfall von Vorstandsmitgliedern

Des Weiteren sollte die Möglichkeit des „Ausfalls" eines Vorstandsmitglieds (durch Krankheit oder Rücktritt) berücksichtigt werden. Auch für einen solchen Fall kann die Satzung eine Regelung treffen.

Eine Neubesetzung dieser Stelle kann entweder im Wege der Personalunion oder der Kooption vorgenommen werden. Bei der Personalunion werden einem Mitglied zwei Ämter anvertraut (der stellvertretende Vorsitzende ist gleichzeitig Kassierer). Bei der Kooption beruft der Vorstand ein weiteres Mitglied in den Vorstand. Beide Möglichkeiten sollten in der Satzung geregelt sein.

Satzungsregelung zur Ergänzung des unvollständigen Vorstands

Vorstand

§ ... Vorstand

(...)

Wenn ein Vorstandsamt nicht besetzt ist, kann der Vorstand ein weiteres Mitglied in den Vorstand berufen (Kooption). Der Vorstand kann auch im Wege der Personalunion eines seiner Mitglieder mit der Ausübung zweier Ämter betrauen.

Der Notvorstand

Wenn sich die Situation ergibt, dass der Verein keinen vertretungsberechtigten Vorstand mehr hat, kann in dringenden Fällen das Amtsgericht einen „Notvorstand" bestellen.

Das Gesetz beschränkt die Möglichkeiten auf dringende Fälle (§ 29 BGB). Es wäre beispielsweise nicht ausreichend, wenn eine Wahl eines Vorstandsmitglieds nicht vorgenommen werden konnte, da sich kein Kandidat gefunden hat. Hier wird der Verein einen erneuten Wahlversuch durchführen müssen.

Für die Bestellung eines Notvorstands ist ein Antrag bei dem zuständigen Amtsgericht erforderlich. Sofern das Gericht dem Antrag stattgibt, wird für eine bestimmte Zeit ein Notvorstand bestellt. Seine Hauptaufgabe ist es dann, die Mitgliederversammlung einzuberufen, damit wieder ein funktionsfähiger Vorstand gewählt werden kann.

Willensbildung auf den Vorstandssitzungen

Der Vorstand fasst seine Beschlüsse auf den Vorstandssitzungen. Wie er diese gestaltet, sollte die Satzung regeln. Darüber hinaus können in einer Geschäftsordnung die Formalien für die Arbeit des Vorstands beschrieben werden.

Tipp

In einer Geschäftsordnung für den Vorstand können die Formalien der Vorstandssitzungen (Fristen, Formen, Abstimmungsmodalitäten) geregelt werden.

Sofern die Satzung oder die Geschäftsordnung keine speziellen Regelungen zu Vorstandssitzungen enthalten, sind die Regeln zur Beschlussfassung der Mitgliederversammlung anzuwenden.

Einberufung der Vorstandssitzung

Für eine wirksame Beschlussfassung des Vorstands ist es erforderlich, dass die Vorstandssitzung ordnungsgemäß einberufen wird. Dabei ist es unter anderem notwendig, dass der Vorsitzende mit der Einladung zur Sitzung eine Tagesordnung mit den zu fassenden Beschlüssen versendet.

Nach § 32 BGB ist eine Tagesordnung mit den zu fassenden Beschlüssen anzugeben. Fehlt eine wirksame Ankündigung, verstößt dies gegen das Gesetz, und es besteht die Gefahr, dass die betreffenden Beschlüsse bei einer Anfechtung für unwirksam erklärt werden. Mitglieder, die von einer Beschlussfassung betroffen sind, wie etwa bei einem Ausschluss, können gegen den Beschluss klagen und ihn aufheben lassen.

Möglich ist es auch, regelmäßige Vorstandssitzungen durchzuführen („jeden zweiten Freitag im Monat"). Auch wenn keine konkreten Aufgaben zu erledigen sind, behalten die Mitglieder des Vorstands so den Überblick über das Vereinsgeschehen.

Muster einer Einladung zur Vorstandssitzung

Musikschule Wunstorf e. V.
Der Vorstand
Hans Müller, Vorsitzender
Musterstraße 1
12345 Wunstorf

An die Mitglieder des Vorstands

Sehr geehrte Damen und Herren,

hiermit darf ich Sie zur Vorstandssitzung am 20.05.2012 um 19.00 Uhr in der Gaststätte „Zum lustigen Studenten" in der Marktgasse 1 in Wunstorf einladen.
Ich habe die folgende Tagesordnung vorgesehen:
1. Begrüßung
2. Terminierung des Winterkonzerts
3. Aufnahme neuer Mitglieder
4. Terminierung der Mitgliederversammlung 2013
5. Verschiedenes

Ich darf Sie bitten, mir mitzuteilen, ob Sie an der Vorstandssitzung teilnehmen können, damit ich einen Tisch reservieren kann.

Ich freue mich auf die Sitzung und verbleibe bis dahin
mit den besten Wünschen!

Hans Müller
Vorsitzender

Beschlussfassung

Voraussetzung für einen gültigen Beschluss ist außerdem, dass Beschlussfähigkeit gegeben ist. Die Beschlussfähigkeit des Vorstands regelt die Satzung oder

49

die Geschäftsordnung. Hier kann geregelt werden, dass mindestens die Hälfte der Vorstandsmitglieder auf der Sitzung anwesend sein muss, um eine Beschlussfassung vornehmen zu können.

Es kann zu Problemen führen, wenn nicht alle Vorstandsämter besetzt sind. Jedoch ist es nicht erforderlich, dass alle Vorstandsmitglieder anwesend sind.

Hinsichtlich der Abstimmung auf Vorstandssitzungen gelten die gleichen Regeln wie bei der Mitgliederversammlung. Es zählen auch hier nur die abgegebenen und gültigen Ja- und Neinstimmen. Enthaltungen werden nicht mitgezählt. Näheres siehe in Kapitel 4.

Kapitel 4
Die Mitgliederversammlung

Die Regelung der Zuständigkeiten innerhalb des Vereins können abweichend von den Vorgaben im Bürgerlichen Gesetzbuch (BGB) weitgehend frei in der Satzung des Vereins festgelegt werden. Nachstehend erläutern wir die Rechte, Pflichten und Zuständigkeiten der Mitgliederversammlung.

Die Zuständigkeit der Mitgliederversammlung

„Die Angelegenheiten des Vereins werden, soweit sie nicht von dem Vorstand oder einem anderen Vereinsorgan zu besorgen sind, durch Beschlussfassung in einer Versammlung der Mitglieder geordnet." Soweit das Bürgerliche Gesetzbuch in § 32 zur Mitgliederversammlung.

Das Bürgerliche Gesetzbuch sieht zum einen eine „Allzuständigkeit" der Mitgliederversammlung vor, gleichzeitig räumt es dem Verein aber auch die Möglichkeit ein, die Aufgabenverteilung in der Satzung selbst zu regeln. Insofern kann die Mitgliederversammlung durchaus als das „höchste Organ" des Vereins bezeichnet werden.

Um Unklarheiten und möglichen Streitigkeiten vorzubeugen, ist es wichtig, in der Satzung klar zu regeln, welches Organ für welche Aufgaben zuständig ist.

Grundsätzlich ist die Mitgliederversammlung für die Beschlussfassung in grundsätzlichen Angelegenheiten zuständig.

Satzungsregelung hinsichtlich der Zuständigkeit

§ ... Mitgliederversammlung

Die Mitgliederversammlung ist zuständig für:
- Bestellung und Abberufung des Vorstands,
- Entgegennahme der Berichte des Vorstands,
- Entlastung des Vorstands,
- Wahl der Kassenprüfer,
- Änderung der Beitragsordnung,
- Satzungsänderungen,
- Beschlussfassung über Anträge,
- Auflösung des Vereins.
- (...)

Wie und wann wird die Mitglieder-versammlung einberufen?

Die Satzung muss zwingend eine Regelung enthalten, wie die Mitgliederversammlung einberufen werden soll. Wie Sie zu der Mitgliederversammlung einladen möchten, können Sie frei regeln. Beachten Sie jedoch, dass im Streitfall die ordnungsgemäße Einladung nachgewiesen werden muss. Zu bedenken sind auch die Kosten und der Aufwand, die die Einladung zur Folge hat.

Eine Einladung kann folgendermaßen erfolgen:

→ per Brief,
→ per E-Mail,
→ durch Abdruck in der Vereinszeitschrift,
→ durch Bekanntmachung auf der Homepage des Vereins,
→ durch eine Anzeige in der Lokalzeitung.

Im BGB ist eine bestimmte Ladungsfrist nicht vorgesehen, so dass der Verein auch diese frei bestimmen kann. Eine bestimmte Frist ist sinnvoll, da die Mitglieder so den Termin bei ihrer Planung besser berücksichtigen und sich auf die Mitgliederversammlung vorbereiten können. Die Frist sollte nicht weniger als zwei Wochen betragen.

Satzungsregelung hinsichtlich der Einladung

§ ... Mitgliederversammlung

(...)

Zu der Mitgliederversammlung lädt der Vorstand mit einer Frist von drei Wochen schriftlich oder per E-Mail unter Angabe der Tagesordnung ein. Für den Fristbeginn ist der Tag der Absendung maßgeblich.

Die Tagesordnung

Mit der Einladung zur Mitgliederversammlung wird die Tagesordnung bekanntgegeben. Die Tagesordnung wird durch den Vorstand aufgestellt, wobei jedes Mitglied berechtigt ist, Anträge zu stellen. Diese sind dann an den Vorstand zu richten, welcher sie in die Tagesordnung aufnimmt.

Satzungsregelung hinsichtlich der Antragsberechtigung

§ ... Mitgliederversammlung

(...)

1. Anträge zur Tagesordnung können bis zum 31. Januar eines Jahres an den Vorstand gerichtet werden.

Aus der Tagesordnung muss das Mitglied erkennen können, welche Tragweite die Behandlung des Themas hat. Achten Sie daher bei den Beschlussvorlagen darauf, dass diese genau formuliert und verständlich in die Tagesordnung aufgenommen werden.

 Beispiel

Falsch: Der Vorstand beantragt die Erhöhung der Mitgliedsbeiträge.

Richtig: Die Mitgliedsbeiträge sollen um 10 Euro jährlich erhöht werden.

Nach der zweiten Alternative (Richtig) ist eine Erhöhung von 10 Euro beantragt worden. Die Mitgliederversammlung kann in diesem Fall auch eine Erhöhung um 8 Euro beschließen, aber keine Erhöhung von mehr als 10 Euro.

Besonderheiten ergeben sich bei Satzungsänderungen. Die Satzung eines Vereins ist sein Gesetzbuch. Aus diesem Grund ist es wichtig, dass diese immer den aktuellen Erfordernissen entspricht. Eine Gründungssatzung kann durch die weitere Entwicklung des Vereins nicht auf Dauer alles zur Zufriedenheit regeln. Sie muss immer wieder einer kritischen Überprüfung standhalten. Allerdings gelten hier schon im Vorfeld strengere Verfahrensvorschriften. Und zwar müssen Sie den zu fassenden Satzungstext bekanntgeben. Die bloße Ankündigung *„Satzungsänderung"* reicht nicht aus!

Tipp

Stellen Sie die Satzungsänderung in Form einer Gegenüberstellung (alt/neu) dar. So können sich die Mitglieder ein Bild von der Änderung machen und den Grund der Änderung besser verstehen. Erläutern Sie im Vorfeld auch, warum Sie die Satzung ändern möchten.

Wer darf an der Mitgliederversammlung teilnehmen?

Zur Mitgliederversammlung sind grundsätzlich alle Mitglieder einzuladen, unabhängig davon, ob sie ein Stimmrecht haben oder nicht. Wenn einzelne Mitglieder nicht eingeladen werden, kann dies die Nichtigkeit der gefassten Beschlüsse zur Folge haben. Diese nicht eingeladenen Mitglieder können gegen die gefassten Beschlüsse klagen, da sie dort nicht abstimmen konnten.

Vereine mit minderjährigen Mitgliedern stehen vor der Frage, ob diese Mitglieder selbst abstimmen dürfen oder ob das Stimmrecht durch die Eltern ausgeübt wird. Das Gesetz unterscheidet bei Minderjährigen zwischen Kindern, welche das siebente Lebensjahr noch nicht vollendet haben, und solchen von sieben bis 18 Jahren. Erstere sind geschäftsunfähig. Sie dürfen nicht abstimmen. Für diese stimmen die Eltern ab. Kinder, die zwar sieben, aber noch nicht 18 sind, werden als „beschränkt geschäftsfähig" angesehen (§ 106 BGB). Hier können die Eltern einwilligen, dass das Kind in der Mitgliederversammlung selbst abstimmt. Die Eltern haben aber auch die Möglichkeit, selbst für ihre Kinder abzustimmen. Die Satzung des Vereins kann aber auch das Stimmrecht nur volljährigen Mitgliedern einräumen.

Zu Mitgliederversammlungen können auch Menschen erscheinen, die nicht Vereinsmitglieder sind, wie z.B. Vertreter der Presse, Delegationen von Verbänden, Politiker oder auch Rechtsanwälte von Mitgliedern, gegen welche ein Vereinsstrafverfahren behandelt werden soll. Wenn die Satzung keine Regelung über „Gäste" enthält, sollte vor Beginn der Versammlung über die Anwesenheit ein Beschluss gefasst werden.

Versammlungsleitung

Die Mitgliederversammlung wird üblicherweise durch den Vorsitzenden des Vorstands geleitet. Die Satzung kann jedoch auch vorsehen, dass ein gesonderter Versammlungsleiter bestellt wird. So kann sich der Vorstand, während sich der Versammlungsleiter um den Ablauf der Versammlung kümmert, ganz auf seine restlichen Aufgaben konzentrieren. Ein gesonderter Versammlungsleiter kann somit für den Vorstand hilfreich sein.

Satzungsregelung hinsichtlich der Versammlungsleitung

§ ... Mitgliederversammlung

(...)

Die Mitgliederversammlung wird durch den ersten Vorsitzenden geleitet, sofern kein gesonderter Versammlungsleiter bestimmt wurde.

Beschlussfassung

Abstimmungen

Beschlüsse werden durch eine Abstimmung gefasst. Bei der Abstimmung sind verschiedene Dinge zu beachten, die in der Satzung geregelt sein sollten:

→ die Beschlussfähigkeit der Mitgliederversammlung,
→ die Stimmberechtigung der einzelnen Mitglieder,
→ die Form der Abstimmung,
→ die zu beachtenden Mehrheitsverhältnisse.

Die Satzung kann vorsehen, dass die Mitgliederversammlung nur Beschlüsse fassen kann, wenn ein bestimmter Teil der Mitglieder erschienen ist. Bedenken Sie bei der Erstellung der Satzung jedoch, dass es bei einem Anwachsen der Mitgliederzahl immer schwieriger wird, eine solche Mindestzahl zu einem Erscheinen zu bewegen.

> **Satzungsregelung hinsichtlich der Beschlussfähigkeit**
>
> § ... Mitgliederversammlung
> (...)
> Die Mitgliederversammlung ist beschlussfähig, wenn sie frist- und form-
> gerecht einberufen wurde.

Grundsätzlich ist jedes Mitglied stimmberechtigt. Die Satzung kann jedoch einzelnen Mitgliedern das Stimmrecht entziehen. Häufig wird das Stimmrecht auch an einen bestimmten Mitgliedsstatus geknüpft, sodass beispielsweise nur „aktive" Mitglieder ein Stimmrecht haben.

Jedes Mitglied hat seine Stimme grundsätzlich persönlich abzugeben. Eine Stimmrechtsübertragung ist nur möglich, wenn sie in der Satzung vorgesehen ist. Wenn eine Stimmrechtsübertragung in der Satzung vorgesehen werden soll, sollten Sie die Anzahl der zu übertragenden Stimmen begrenzen! So vermeiden Sie, dass Gruppen durch geschickte Stimmrechtsübertragungen das „Zepter übernehmen"!

> **Satzungsregelung hinsichtlich der Stimmrechts-
> übertragung**
>
> § ... Mitgliederversammlung
> (...)
> Jedes Mitglied hat eine Stimme. Eine Übertragung des Stimmrechts ist nur
> schriftlich möglich. Dabei darf ein Mitglied nicht mehr als drei Stimmen über-
> tragen bekommen.

Um spätere Streitigkeiten im Verein zu vermeiden, sollte in der Satzung geregelt werden, wie abzustimmen ist. Üblich ist eine Abstimmung mit Handzeichen; es kann aber auch eine geheime Abstimmung (beispielsweise bei Wahlen) vorgesehen werden.

Bei der Beschlussfassung entscheidet die Mehrheit der abgegebenen Stimmen. Enthaltungen oder ungültige Stimmen werden nicht mitgezählt.

Welche Mehrheiten erforderlich sind, kann in der Satzung geregelt werden. Wenn die Satzung keine Regelung enthält, gelten die Mehrheitserfordernisse des BGB, wonach bis auf Ausnahmefälle die einfache Mehrheit der abgegebenen Stimmen ausreicht und für Satzungsänderungen drei Viertel der Stimmen erforderlich sind.

Satzungsregelung hinsichtlich der Abstimmungsform

§ ... Mitgliederversammlung

(...)

Abstimmungen werden grundsätzlich durch Handheben vorgenommen. Auf Antrag ist eine geheime Abstimmung durchzuführen, wenn dies mit einfacher Mehrheit der abgegebenen Stimmen beschlossen wird.

Beschlüsse werden mit der Mehrheit der abgegebenen Stimmen gefasst. Anträge auf Änderung der Satzung und des Zweckes des Vereins bedürfen der Mehrheit von 2/3 der abgegebenen Stimmen. Zur Auflösung des Vereins bedarf es der Mehrheit von 3/4 der abgegebenen Stimmen.

Wahlen

Der Vorstand eines Vereins sowie ein Kassenprüfer werden gewählt. Wahlen sind ebenfalls eine Form der Beschlussfassung, sodass auch diese in der Satzung geregelt werden sollten.

Bei den Vorstandswahlen muss geregelt werden, ob diese einzeln oder als „Block" gewählt werden. Eine Blockwahl wird durchgeführt, wenn bereits mehrere Personen als „Vorstandsmannschaft" vorgestellt werden, welche dann zusammen gewählt werden. Fehlt in der Satzung eine Regelung zur Blockwahl, muss eine Einzelwahl durchgeführt werden. Wenn mehrere Kandidaten gegeneinander antreten, muss beispielsweise eine Stichwahl vorgesehen werden.

Satzungsregelung für Wahlen

§ ... Wahlvorschriften

(...)

Vor der Wahl ist durch die Mitgliederversammlung ein Wahlleiter zu bestimmen.

Wahlen zu den Ämtern des Vereins werden grundsätzlich schriftlich und für jedes Amt einzeln vorgenommen. Auf Antrag kann eine Blockwahl vorgenommen werden.

Hat im ersten Wahlgang kein Kandidat die Mehrheit der abgegebenen Stimmen auf sich vereinigt, ist eine Stichwahl zwischen den beiden Kandidaten durchzuführen, welche die meisten Stimmen erzielt hatten.

Wurde nur ein Wahlvorschlag gemacht, ist der Kandidat gewählt, wenn er die Mehrheit der abgegebenen Stimmen auf sich vereinigt. Wird diese Mehrheit nicht erreicht, ist ein zweiter Wahlgang durchzuführen. Bei diesem weiteren Wahlgang können wiederum Wahlvorschläge gemacht werden.

Wenn ein Kandidat gewählt worden ist, ist es zwingend erforderlich, dass er die Wahl annimmt. Diese Erklärung muss im Protokoll der Mitgliederversammlung (siehe unten) aufgenommen werden. Fehlt diese Erklärung, wird das Registergericht die Eintragung ablehnen.

Wenn ein Kandidat an der Mitgliederversammlung nicht teilnimmt, kann er seine Zustimmung bereits vorab schriftlich mitteilen.

Die außerordentliche Mitgliederversammlung

Die Mitgliederversammlungen haben üblicherweise einen festen Rhythmus von ein bis zwei Jahren, in welchem sie stattfinden.

Außerhalb dieser regelmäßigen Termine kann sich das Erfordernis einer zusätzlichen Versammlung ergeben, beispielsweise nach einem Rücktritt von Vorstandsmitgliedern oder bei anstehenden größeren Vorhaben, zu denen der Vorstand die Zustimmung der Mitgliederversammlung einholen möchte.

Des Weiteren kann der Fall eintreten, dass ein Teil der Mitglieder eine Mitgliedersammlung für erforderlich hält. Hierfür sieht das Gesetz das Recht einer Minderheit der Berufung auf Verlangen vor (§ 37 BGB). Das Minderheitenbegehren auf Einberufung einer außerordentlichen Mitgliederversammlung ermöglicht die Abhaltung einer Versammlung auch gegen den Willen des Vorstands.

Die Verfahren zur Einberufung einer außerordentlichen Mitgliederversammlung und die Möglichkeit des Minderheitenbegehrens können in der Satzung geregelt werden, da die Mitglieder regelmäßig keine Kenntnis vom Bürgerlichen Gesetzbuch haben und es sinnvoll ist, in der Satzung das Vereinsleben verständlich zu regeln.

Satzungsregelung zur Einberufung einer außerordentlichen Mitgliederversammlung

§ ... Mitgliederversammlung

(...)

Eine außerordentliche Mitgliederversammlung ist durch den Vorstand einzuberufen, sofern dies im Interesse des Vereins erforderlich ist oder sofern die Einberufung durch 1/3 der Mitglieder schriftlich unter Angabe der Gründe verlangt wird.

Dieses Recht der Mitglieder, eine (außerordentliche) Mitgliederversammlung einzuberufen, kann in der Satzung nur näher beschrieben, aber nicht abgeschafft werden.

Grundsätzlich hat der Vorstand bei einem solchen Mitgliederbegehren kein Prüfungsrecht, ob der angegebene Grund für eine Mitgliederversammlung ausreichend ist. Er muss die Versammlung einberufen, wenn die Voraussetzungen gegeben sind. Kommt der Vorstand diesem Verlangen nicht nach, können sich die Mitglieder durch das Gericht ermächtigen lassen, die Mitgliederversammlung selbst einzuberufen.

Protokoll

Zwar schreibt das Gesetz nicht ausdrücklich eine Protokollführung vor, es verlangt jedoch an verschiedenen Stellen Nachweise über Beschlussfassungen (siehe z.B. § 71 BGB für eine Satzungsänderung).

Die Protokollführung ist in mehrfacher Hinsicht wichtig für den Verein. Aus dem Protokoll ergeben sich die gefassten Beschlüsse und es dient im Streitfall als Beweis (Urkunde). Weiter kann das Protokoll von Behörden (z.B. Finanzamt) angefordert werden, um die ordnungsgemäße Geschäftsführung zu überprüfen. Schlussendlich liefert das Protokoll eine Chronologie der wesentlichen Vereinsereignisse.

Aus diesen Gründen sollte der Protokollführer das Protokoll gewissenhaft erstellen. Das Beispiel eines Gründungsprotokolls bzw. einer Niederschrift in Kapitel 1 kann Ihnen als Vorlage dienen.

Auch der Inhalt eines Protokolls ist gesetzlich nicht geregelt; es sollten jedoch die wesentlichen Inhalte und die Ergebnisse der Wahlen und Beschlüsse der Versammlung wiedergegeben werden.

● ●

Checkliste für das Protokoll einer Mitgliederversammlung

Folgende Punkte sollte das Protokoll enthalten:
- ❑ Ort und Zeit der Versammlung
- ❑ Anwesende (Anwesenheitsliste)
- ❑ Feststellung der Beschlussfähigkeit
- ❑ Punkte der Tagesordnung
- ❑ (Hier ist der genaue Wortlaut der Beschlüsse mit dem genauen Abstimmungsergebnis aufzunehmen.)
- ❑ Bei Wahlen ist auch das genaue Abstimmungsergebnis aufzunehmen.
- ❑ Darüber hinaus sind die Personalien des Gewählten und seine Annahmeerklärung aufzuführen.
- ❑ Unterschriften des Versammlungsleiters und des Protokollführers

● ●

Eine Verpflichtung, das Protokoll den Mitgliedern bekanntzugeben, besteht nach dem Gesetz nicht. Dennoch sollten Sie den Mitgliedern die Protokolle der Mitgliederversammlung zur Kenntnis bringen. Sie schaffen so Transparenz und wecken das Interesse an der Vereinsarbeit. Wie Sie das Protokoll veröffentlichen, können Sie in der Satzung regeln.

Satzungsregelung zur Protokollführung

§ ... Mitgliederversammlung

(...)

Zu Beginn der Mitgliederversammlung ist ein Protokollführer zu bestimmen. Das Protokoll der Mitgliederversammlung soll die wesentlichen Ergebnisse sowie die gefassten Beschlüsse enthalten. Es ist durch den Versammlungsleiter und den Protokollführer zu unterzeichnen.

Das Protokoll ist spätestens sechs Wochen nach der Mitgliederversammlung im internen Bereich der Homepage des Vereins zu veröffentlichen.

Kapitel 5

Der Verein als Arbeitgeber

Die Aktivitäten des Vereins werden von Mitgliedern und Beschäftigten gestaltet. Die rechtlichen Bestimmungen der Tätigkeiten für den
Verein werden im nachfolgenden Kapitel vorgestellt und erläutert.

In einem Verein fallen viele Aufgaben an. Typischerweise werden diese von den Vereinsmitgliedern ehrenamtlich erledigt. Diese setzen sich für die Vereinsziele ein, ohne an eine Bezahlung zu denken, weil diese ihnen am Herzen liegen.

Gerade in größeren Vereinen kommen aber auch immer wieder bezahlte Mitarbeiter zum Einsatz. In diesem Fall hat der Verein sämtliche Pflichten eines Arbeitgebers zu erfüllen.

Tätigkeiten der Mitglieder

Im Vereinsrecht gilt der Grundsatz der Ehrenamtlichkeit; dieser bewirkt, dass kein Anspruch auf Zahlungen von Vergütungen gegen den Verein entsteht, wenn ein Mitglied für den Verein tätig wird. In älteren Satzungen wurde die Bezahlung sogar ausdrücklich verboten, weil bis in die 1970er-Jahre eine Vergütung als Verstoß gegen die Gemeinnützigkeit angesehen wurde.

Die vom Gesetzgeber vorgeschriebene Bestimmung, *„Die Mitglieder erhalten keine Zuwendungen aus Mitteln der Körperschaft"*, ist missverständlich und wird häufig dahingehend interpretiert, dass Vergütungen an Mitglieder unzulässig sind. Diese Auffassung ist jedoch falsch:

→ Zahlungen in angemessener Höhe sind zulässig.

→ Nur Zahlungen ohne Gegenleistungen sind Zuwendungen und folglich verboten. Vor allem in größeren Vereinen kommen auch bezahlte Mitarbeiter zum Einsatz.

Bezahlte Mitarbeit

Das Vereinsrecht und das Gemeinnützigkeitsrecht erlauben die Bezahlung von Tätigkeiten im Verein. Jedoch müssen Sie darauf achten, dass sich die Vergütungen in einem angemessenen Rahmen bewegen. Fragen Sie sich: Was würde ein „Fremder" für die Ausführung der Tätigkeit erhalten? Dieser Betrag bildet die Obergrenze der Vergütung, die nicht überschritten werden darf.

Beispiel

Ihr Verein hat Räume zur Verfügung gestellt bekommen. Dort werden zu festen Zeiten Migrantenkinder bei den Hausaufgaben betreut. Die für die Betreuung eingesetzten Mitglieder erhalten eine Vergütung von 10 Euro je Doppelstunde.

Mit der Bezahlung können Sie eine vertragliche Grundlage über die Pflichten der Mitarbeiter schaffen. Sie stellen regelmäßige Öffnungszeiten sicher. Die eingesetzten Personen haben die Verpflichtung übernommen, zu vorher festgelegten Zeiten anwesend zu sein. Der Verein sorgt zugleich für eine verlässliche Aufsicht während der Öffnungszeiten. Dies ist wichtig, weil bei der Arbeit mit Jugendlichen besondere Aufsichtspflichten bestehen.

Achtung

Zahlungen an Mitglieder müssen vorher vereinbart werden. Eine nachträgliche Entlohnung ohne vorher vereinbarten Zahlungsanspruch bedeutet einen Verstoß gegen die Gemeinnützigkeit.

Geschäftsführung und Vorstandsvergütungen

Die Geschäftsführung des Vereins obliegt dem vertretungsberechtigten Vorstand (§ 26 BGB). Das Vorstandsamt wird laut Bürgerlichem Gesetzbuch unter Hinweis auf die Vorschriften zum Auftragsverhältnis grundsätzlich ehrenamtlich ausgeführt. § 27 Abs. 3 BGB lautet: *„Auf die Geschäftsführung des Vorstands finden die für den Auftrag geltenden Vorschriften der §§ 664 bis 670 BGB entsprechende Anwendung. Die Mitglieder des Vorstands sind unentgeltlich tätig.“*

Jedoch erlaubt § 40 BGB dem Verein, hiervon abzuweichen und dem Vorstand eine Vergütung zu zahlen. Voraussetzung dabei ist eine klare und eindeutige Festlegung in der Satzung.

Hinweis

Nach dem Wortlaut des § 27 BGB muss jegliche Form der Bezahlung von Vorstandsmitgliedern durch die Satzung genehmigt sein, selbst wenn es sich um Tätigkeiten handelt, die mit der Vorstandsarbeit selbst in keinem Zusammenhang stehen.

Beispiel: Die hauptamtliche Betreuerin in einem Kindergartenverein wird in den Vorstand des Vereins gewählt. Da die Zahlung von Vergütungen an Vorstandsmitglieder nach § 27 BGB nicht zulässig ist, liegt bei Fortführung des Beschäftigungsverhältnisses ein Gesetzesverstoß vor. Das Finanzamt wird dem Verein die Gemeinnützigkeit entziehen.

Satzungsregelung zu Vorstandsvergütungen

§ ... Vorstandsvergütungen

Vorstandsämter werden grundsätzlich ehrenamtlich ausgeübt.
Die Mitgliederversammlung kann beschließen, dass Vergütungen gezahlt werden können. Der Vorstand ist zuständig für die Vertragsinhalte.

Alternative Regelung für kleinere Vereine:
Die Vorstandsmitglieder erhalten eine angemessene Aufwandsentschädigung im Rahmen des § 3 Nr. 26a EStG.

In jeden Fall haben die Vorstandsmitglieder einen Anspruch auf Erstattung der ihnen durch das Amt entstehenden Auslagen. Das sind regelmäßig Fahrtkosten und Verwaltungsaufwendungen.

Diese Erstattung der Auslagen ist jedoch nur bei Vorlage ordnungsgemäßer Abrechnungen zulässig. Aus der Abrechnung müssen sich der Grund und die Notwendigkeit der Aufwendungen ergeben. Darüber hinaus müssen sich die Aufwendungen der Höhe nach in einem angemessenen Rahmen bewegen. Die Angemessenheit wird daran gemessen, was Sie einem Fremden, der nicht Vereinsmitglied ist, zahlen würden.

Wann liegt ein steuerrechtlich relevantes Dienstverhältnis vor?

Da mit der Beschäftigung bezahlter Mitarbeiter zahlreiche lohnsteuer- und sozialversicherungsrechtliche Verpflichtungen verbunden sind, stellt sich die Frage: Wann genau liegt ein Dienstverhältnis vor?

Vereinsmitglieder, die gelegentlich bei besonderen Anlässen aushelfen, sind keine Arbeitnehmer des Vereins. Das ist z.B. der Fall, wenn sich Vereinsmitglieder bei einer einmal im Jahr stattfindenden Vereinsfeier zu bestimmten Arbeiten zur Verfügung stellen.

Beispiel

Die Mitglieder helfen bei der Durchführung einer Leichtathletikmeisterschaft. Sie erhalten jeweils eine Vergütung in Höhe von 12 Euro. Diese Vergütung deckt offensichtlich nicht mehr als die entstandenen Fahrtkosten und Verpflegungsmehraufwendungen des Helfers, sodass kein Arbeitsverhältnis besteht.

In gleicher Weise begründet die unentgeltliche Ausübung eines Ehrenamtes (z.B. als Vereinsvorsitzender) kein Dienstverhältnis im steuerlichen Sinne, wenn diesen ehrenamtlich Tätigen nur die tatsächlich entstandenen Kosten ersetzt werden (z.B. Reisekosten, Porto, Telefongebühren). Wenn der Verein dagegen über den nachgewiesenen Aufwand hinaus Zahlungen an den Vorstand oder die Mitglieder leistet, liegt regelmäßig Arbeitslohn vor.

Arbeitnehmer sind beispielsweise:

→ Geschäftsstellenmitarbeiter,
→ Hausmeister,
→ Platzwarte,
→ Mitarbeiter einer Vereinsgaststätte (Service, Küche),
→ Bedienungspersonal bei Vereinsfesten.

Regelmäßig **keine Arbeitnehmer** sind:

→ Helfer bei Vereinsveranstaltungen, die nur gelegentlich tätig werden und nur Auslagenersatz oder Verzehrgeld erhalten,

→ Vorstandsmitglieder, die nur eine Kostenerstattung in Höhe der nachgewiesenen Aufwendungen erhalten,

→ Kampfrichter oder Schiedsrichter.

Sofern Sie **Übungsleiter** beschäftigen, spricht eine nebenberufliche Tätigkeit von nicht mehr als sechs Stunden wöchentlich gegen eine Arbeitnehmereigenschaft.

Achtung

Wenn der engagierte Trainer der Fußballmannschaft über die bezahlten Trainingsstunden hinaus die Mannschaft bei den Punktspielen betreut, ist er regelmäßig länger als sechs Stunden wöchentlich im Einsatz.

Entscheidend ist also nicht die Abrechnung von Übungsstunden, sondern der tatsächliche Einsatz.

Steuerbefreiungen für nebenberufliche Tätigkeiten

Übersteigen die für das Ehrenamt gezahlten Vergütungen oder als Aufwandsentschädigung bezeichneten Pauschalen die hierdurch veranlassten Aufwendungen nur unwesentlich bis zu 256 Euro im Jahr, bleibt die Vergütung unversteuert. Hierbei handelt es sich um eine Freigrenze. Übersteigen die für die ehrenamtliche Tätigkeit gewährten Vergütungen dagegen die tatsächlichen Aufwendungen um mehr als 256 Euro, handelt es sich bei den Vergütungen in voller Höhe um steuerpflichtigen Arbeitslohn.

Gleichermaßen hat die im Gemeinnützigkeitsrecht für Amateursportler geltende Grenze von 400 Euro („bezahlter Sportler") im Monat lohnsteuerlich keine Bedeutung, es liegt regelmäßig Arbeitslohn vor.

Auf die steuerliche Zuordnung der Einnahmen kommt es jedoch nicht an, wenn die Einkünfte bestimmte Freibeträge nicht überschreiten. Im Einzelnen werden diese wie folgt abgegrenzt:

***§ 3 Nr. 26 EStG befreit Einnahmen bis 2.400 Euro im Jahr für nach-
stehende nebenberufliche Tätigkeiten – Übungsleitungspauschale***

Einnahmen für nebenberufliche Tätigkeiten

→ als Übungsleiter, Ausbilder, Erzieher, Betreuer oder für eine vergleichbare
   nebenberufliche Tätigkeit,
→ für nebenberufliche künstlerische Tätigkeiten oder
→ für die nebenberufliche Pflege alter, kranker oder behinderter Menschen
   etc.

im Dienst oder im Auftrag eines steuerbegünstigten Vereins zur Förderung
gemeinnütziger, mildtätiger oder kirchlicher Zwecke sind bis zur Höhe von
insgesamt 2.400 Euro im Jahr steuerfrei.

Nur Zahlungen von gemeinnützigen Organisationen sind steuerbefreit.

Der Freibetrag wird nicht gewährt, wenn der Zeitumfang der begünstigten
Tätigkeit mehr als etwa 12 bis 15 Stunden wöchentlich überschreitet.

Da der Freibetrag dem Mitarbeiter auch bei mehreren Tätigkeiten insgesamt nur bis zu einem Jahresbetrag von 2.400 Euro zusteht – und Sie nicht
wissen, ob der Mitarbeiter noch anderweitig den Freibetrag in Anspruch
nimmt –, müssen Sie sich zur eigenen Absicherung jährlich eine Bestätigung
des Mitarbeiters nach nachstehendem Muster geben lassen und diese zu den
Personalakten nehmen.

Bestätigung zur Berücksichtigung der steuerfreien Vergütung nach § 3 Nr. 26 EStG

Ich erkläre hiermit, dass ich im laufenden Kalenderjahr 2___ die Steuerbefreiung nach § 3 Nr. 26 EStG dem Verein

( ) in Höhe von 2.400,00 €

( ) in Höhe von: _____ €

zuordne.

(Ort, Datum)

(Unterschrift)

Mit dieser Bestätigung des Beschäftigten können Sie einem Prüfer des Finanzamts oder der Sozialversicherung gegenüber belegen, dass die Vergütung steuerfrei – und damit auch sozialversicherungsfrei – ist und Abgaben nicht anfallen.

Beispiel

Der Platzwart des Vereins erhält monatlich eine pauschale Aufwandsentschädigung von 60 Euro. Dem Grunde nach wird die Tätigkeit als Platzwart im Rahmen eines nichtselbständigen Arbeitsverhältnisses ausgeübt.

Da vorliegend eine Bestätigung nach § 3 Nr. 26a EStG abgegeben worden ist und die weiteren Voraussetzungen für die Inanspruchnahme des Freibetrags vorliegen, ergibt sich keine Abgabenpflicht.

§ 3 Nr. 26a EStG befreit Einnahmen bis 720 Euro im Jahr für nachstehende nebenberufliche Tätigkeiten – Ehrenamtspauschale

Wird eine Tätigkeit im Dienst oder im Auftrag eines steuerbegünstigten Vereins ausgeübt, erfüllt sie jedoch nicht die vorstehend genannten Voraussetzungen der Übungsleiterpauschale, sind die Einnahmen bis zu einer Höhe von 720 Euro im Jahr steuerfrei – man spricht in diesem Zusammenhang von der Ehrenamtspauschale.

Der Freibetrag von 720 Euro im Jahr ist nicht auf bestimmte Tätigkeiten beschränkt, vielmehr sind alle Tätigkeiten im gemeinnützigen Bereich steuerbegünstigt. Das können außer der Vorstandstätigkeit auch andere Tätigkeiten wie die eines Platzwarts, eines Gerätewarts, einer Geschäftsstelle, eines Ordners, eines Sanitäters oder eines Kampfrichters sein.

Eine Mitgliedschaft im Verein ist nicht erforderlich. Voraussetzung für den Freibetrag ist allein die Nebentätigkeit im steuerbegünstigten Bereich und auch hier die schriftliche Bestätigung, dass der Freibetrag dem Verein zugeordnet wird.

Tipp

Merkblätter und Vordrucke zur Steuerbefreiung erhalten Sie auf der Seite des bdvv.

Der Verein als Arbeitgeber

Wenn ein Verein die anstehenden Tätigkeiten nicht mehr mit ehrenamtlich tätigen Mitarbeitern bewältigen kann, müssen bezahlte Kräfte engagiert werden. In diesem Fall gilt es jedoch einiges zu beachten. Denn Vereine, die zur Erfüllung der Vereinsaufgaben Arbeitnehmer beschäftigen, sind Arbeitgeber und unterliegen als solche den allgemeinen Bestimmungen des Arbeitsrechts, des Lohnsteuerrechts und des Sozialversicherungsrechts.

Beispiel

Die Mitgliederzahlen des Musikvereins Wunstorf e.V. steigen rasant. Das Angebot kommt an. Die Planung des Musikunterrichts, die Mitgliederverwaltung und die Teilnehmerverwaltung lassen sich ehrenamtlich nicht mehr bewältigen. Deshalb wird eine Geschäftsstelle mit regelmäßigen Öffnungszeiten eingerichtet und mit bezahlten Kräften besetzt.

Selbstständig oder Arbeitnehmer?

Am liebsten würden Vereine bzw. deren Vorstand ausschließlich Mitarbeiter mit dem Status der „Selbstständigkeit" beauftragen. Denn so würde man sich den ganzen Verwaltungskram sparen – wie Lohnabrechnungen erstellen, Arbeitnehmer bei der Krankenkasse anmelden und fällige Sozialversicherungsbeiträge und Lohnsteuern berechnen und abführen.

Aber nach dem „Wollen" geht es nicht, sondern nach den tatsächlichen Verhältnissen. Ein Mitarbeiter in der Geschäftsstelle hat zum Beispiel feste Arbeitszeiten, weil die Öffnungszeiten eingehalten werden müssen. Er ist Ansprechpartner für die Mitglieder und Kursteilnehmer – kurz: Er ist eingebunden in die Vereinsorganisation und somit Arbeitnehmer mit allen sich daraus ergebenden rechtlichen Konsequenzen.

Der Begriff des Arbeitnehmers ist von der Rechtsprechung anhand von Merkmalen entwickelt worden. Bei Unklarheiten die Arbeitnehmereigenschaft betreffend sind die nachstehenden Kriterien im Rahmen einer Gesamtbeurteilung zu werten:

→ Weisungsgebundenheit hinsichtlich Ort, Zeit und Inhalt der Tätigkeit,
→ vorgegebene Arbeitszeiten,
→ feste Bezüge,
→ Urlaubsanspruch,
→ Fortzahlung der Bezüge im Krankheitsfall,
→ Gewährung von sonstigen Sozialleistungen,
→ keine Pflicht zur Beschaffung von Arbeitsmitteln,
→ organisatorische Einbindung (Telefonverzeichnis, Arbeitszimmer, Mitgliederzeitschrift),
→ Vorgesetzter bzw. Arbeitseinteilung für andere Vereinsmitarbeiter.

Will man sich nicht mit der Frage auseinandersetzen, ob nun ein Dienstverhältnis vorliegt oder nicht, kann man Tätigkeiten wie den Betrieb einer Vereins-Geschäftsstelle auch „auslagern" und eine selbstständige Unternehmens-agentur beauftragen. Wenn die beauftragte Agentur selbst Mitarbeiter beschäftigt, ist sie Arbeitgeber dieser Mitarbeiter und die Bürokratie wird dort-hin verlagert. Das wirtschaftliche Risiko und der Verwaltungsaufwand werden dem Verein in Rechnung gestellt. Hier gilt es, die Vor- und Nachteile einer Ausgliederung sorgfältig abzuwägen.

Soziale Absicherung der Arbeitnehmer

In der Regel liegt zwischen Vereinen und ihren Mitarbeitern ein Anstellungs-verhältnis vor. Dabei sind vor allem folgende Schutzvorschriften für Arbeit-nehmer zu beachten:

→ Gehaltsfortzahlung im Krankheitsfall,
→ Gewährung von Urlaub mit Gehaltsfortzahlung,
→ steuerfreie Arbeitgeberanteile zur Sozialversicherung,
→ Haftungsübernahme durch den Verein bei unverschuldeten Haftungs-fällen,
→ Leistungen der Berufsgenossenschaft als gesetzliche Unfallversicherung bei Arbeitsunfällen.

Die soziale Absicherung der Mitarbeiter liegt auch im Interesse des Vereins, denn im Schadensfall steht dieser in der Verantwortung!

Risiken bei freien Mitarbeiter-Verhältnissen

Selbstständige Mitarbeiter sind für die Fragen der sozialen Absicherung selbst verantwortlich. Doch ist hier Vorsicht geboten: Auch wenn sich Verein und Mitarbeiter einig sind über den Status und die Abrechnung als freier Mit-arbeiter, besteht für den Verein das ständige Risiko, dass im Falle eines Scha-dens oder einer Kündigung des Mitarbeiters dieser behauptet, dass tatsächlich eine abhängige Beschäftigung vorgelegen habe.

Im Zuge der Prüfung durch die Sozialversicherung und durch das Finanz-amt wird dann geprüft, welchen Inhalt die jeweilige Tätigkeit hatte, und gegebenenfalls eine Arbeitnehmertätigkeit festgestellt. Die von den Vertragsparteien gewählte Bezeichnung des Vertrags hat hier keine Bedeutung.

Den Verein treffen bei einer nachträglichen Statusfeststellung durch eine Prüfung der Deutschen Rentenversicherung Nachzahlungen an Sozialversicherungsbeiträgen für die Dauer der bisherigen Beschäftigungszeit und gegebenenfalls eine Haftung für nicht gezahlte Lohnsteuern.

Stellen Sie über die Krankenkasse des Beschäftigten eine Statusanfrage. So erhalten Sie Rechtssicherheit für die Gestaltung des Beschäftigungsverhältnisses.

Die soziale Absicherung stellt eine Fürsorge gegenüber dem Beschäftigten dar, und die Gestaltung als Arbeitsverhältnis gibt beiden Vertragsparteien Schutz vor unangenehmen Prüfungsüberraschungen.

Geringfügige Beschäftigung

Wenn die monatliche Vergütung den Betrag von 450 Euro im Monatsdurchschnitt nicht übersteigt, kann die Beschäftigung als Mini-Job abgerechnet werden. Sofern der Arbeitnehmer eine sozialversicherungspflichtige Hauptbeschäftigung hat, darf er daneben nur ein Mini-Job-Arbeitsverhältnis haben.

Julia ist Verkäuferin im Supermarkt. Abends reinigt sie die Räume der Musikschule und erhält dafür eine Vergütung von monatlich 200 Euro.

Für ein Mini-Job-Arbeitsverhältnis zahlt der Verein pauschale Abgaben (Lohnsteuer und Sozialversicherung) von rund 30 % zusätzlich zum Gehalt, die Anmeldung ist bei der Bundesknappschaft (www.minijob-zentrale.de) vorzunehmen. Der geringfügig Beschäftigte ist mit seiner Vergütung rentenversicherungspflichtig. Von der Rentenversicherungspflicht kann er sich durch schriftliche Mitteilung gegenüber dem Verein befreien lassen. Der Verein übernimmt von dem Rentenversicherungsbeitrag einen Anteil von 15 %, der Arbeitnehmer den Unterschiedsbetrag zu 18,9 % vom Verdienst.

Bei der Bundesknappschaft (www.minijob-zentrale.de) können Sie einen Fragebogen zur Person des Beschäftigten herunterladen und sich über die Einzelheiten der abzuführenden Beiträge und die Form der Meldungen informieren.

Lohnsteuer- und Sozialversicherungspflichten des Arbeitgebers

Ist eine Tätigkeit für den Verein als nichtselbständiges Dienstverhältnis anzusehen und kommt eine Steuerbefreiung der Einnahmen (z.B. Übungsleiterpauschale) nicht in Betracht, hat der Verein die Pflicht, den Steuerabzug vom Arbeitslohn vorzunehmen und die einbehaltene Lohnsteuer, den Solidaritätszuschlag und eventuell Kirchensteuer an das Finanzamt abzuführen.

Der Verein kann mit seinen Arbeitnehmern nicht vereinbaren, dass diese ihre lohnsteuerlichen Verpflichtungen mit dem Finanzamt selbst regeln.

Lohnkonto

Der Verein hat für jeden Arbeitnehmer ein Lohnkonto zu führen. Dort sind unter anderem aufzuzeichnen:

→ die Art und Höhe des Arbeitslohns (lohnsteuer- und sozialversicherungspflichtige Vergütungen),

→ der Zeitpunkt der Auszahlung,

→ die lohnsteuerfreien Zahlungen (Reisekostenersatz),

→ geldwerte Vorteile,

→ Sachbezüge (z.B. Wohnung und Verpflegung).

Die **Abrechnungsverfahren** bei der Lohnsteuer und bei der Sozialversicherung unterscheiden sich. Die Lohnsteuer muss bei jeder Lohn- oder Gehaltszahlung einbehalten werden. Die Sozialversicherungsbeiträge entstehen nicht erst – wie bei der Lohnsteuer – mit der Auszahlung der Vergütung, sondern bereits sechs Werktage vor dem Monatsende in Höhe des Vergütungsanspruchs, unabhängig vom Zeitpunkt der Auszahlung.

Die **Lohnsteuer** wird entweder im Rahmen des Mini-Job-Verfahrens (Vergütung bis 450 Euro) in pauschaler Form an die Bundesknappschaft abgeführt oder bei höheren Vergütungen nach Maßgabe der Lohnsteuer-Merkmale des Arbeitnehmers errechnet. In der **Elstam-Datenbank** der Finanzverwaltung sind dessen Lohnsteuerdaten gespeichert. Diese können vom Verein abgerufen werden. Die Meldung der Lohnsteuer, des Solidaritätszuschlags und gegebenenfalls der Kirchensteuer an das Finanzamt erfolgt elektronisch über das Internet im Rahmen der Abrechnung über ein kommerzielles Lohnabrechnungsprogramm oder über das kostenlose Programm **Elster** der Finanzverwaltung, welches unter www.elster.de heruntergeladen und installiert werden kann. Mit diesem Programm hat der Verein auch Zugang zur Elstam-Datenbank.

Die Beiträge zur **Sozialversicherung** werden an die Krankenkasse des Mitarbeiters abgeführt. Die elektronisch zu übermittelnden An- und Abmeldungen der Beschäftigten und die monatlichen Beitragsnachweisungen erfolgen über ein Lohnabrechnungsprogramm oder über das kostenlose Programm **sv.net**, welches von der Internetseite jeder gesetzlichen Krankenkasse heruntergeladen und installiert werden kann.

Die Sozialversicherung umfasst folgende Beitragsarten:

→ Krankenversicherung,
→ Pflegeversicherung,
→ Rentenversicherung,
→ Arbeitslosenversicherung,
→ Berufsgenossenschaft (Unfallversicherung),
→ Umlage für Entgeltfortzahlung im Krankheitsfall,
→ Umlage für Erstattungen nach dem Mutterschutzgesetz,
→ Umlage der Insolvenzausfallversicherung.

Nach Ablauf eines Jahres oder bei Beendigung der Beschäftigung müssen die für die Einkommensteuererklärung des Beschäftigten relevanten Angaben (Vergütung, Steuerabzüge etc.) an die Datenbank Elstam übermittelt werden. Entsprechend muss über sv.net für jeden Beschäftigten die Summe seiner abgerechneten Vergütungen an die jeweilige Krankenkasse gemeldet werden. Die Meldungen sind auch für geringfügig Beschäftigte (Mini-Job) zu erstellen, für diesen Personenkreis sind jedoch keine Lohnsteuerdaten zu übermitteln.

Kapitel 6

Wie wird die Vereinsarbeit finanziert?

Ihre Vereinsziele können Sie nur auf einer gesunden finanziellen Basis erreichen. Die einzelnen Finanzierungsmöglichkeiten für Vereine stellen wir Ihnen in diesem Kapitel vor.

Eng verbunden mit der Vereinsgründung und der Vereinsarbeit ist die Frage nach deren Finanzierung. Denn nicht nur die einzelnen Aktivitäten, sondern auch die Verwaltung des Vereins kosten Geld. So fallen unter anderem Porto-, Fahrt-, Werbungs- und Veranstaltungskosten an, die es zu finanzieren gilt.

Dabei gibt es viele Möglichkeiten – beginnend bei Mitgliedsbeiträgen über die Einnahmen aus Veranstaltungen bis hin zu Spenden und Sponsoringerträgen.

Mitgliedsbeiträge

Zuallererst müssen die internen Quellen erschlossen werden. Es ist eine Selbstverständlichkeit, dass die Mitglieder einen Beitrag zahlen. Die Beitragspflicht muss in der Satzung geregelt sein.

Die Höhe der Mitgliedsbeiträge muss schon auf der Gründungsversammlung bestimmt werden. Dabei können unterschiedliche Aspekte Berücksichtigung finden. So etwa soziale Gesichtspunkte: Sollen z.B. Jugendliche, Auszubildende, Familien oder Rentner geringere Beiträge bezahlen? Durch die Beiträge sollte die Finanzierung des Vereins sichergestellt sein. Wenn das Registergericht der Auffassung ist, dass der Verein sich primär aus anderen Quellen (Veranstaltungen, Konzerte o.Ä.) finanziert, kann es darin einen Anhaltspunkt für einen wirtschaftlichen Verein sehen. Dieser kann nicht in das Vereinsregister eingetragen werden.

Insbesondere die Beiträge der Jugendlichen sollten gut überlegt sein. Unproblematisch ist die Festlegung einer Altersgrenze. In der Satzung könnte dies folgendermaßen geregelt werden:

Beispiel

Als Jugendliche gelten Mitglieder bis zum vollendeten 18. Lebensjahr. Sie zahlen einen um 50 % ermäßigten Beitrag.

Wenn auch der Schulbesuch, das Universitätsstudium oder die Berufsausbildung begünstigt werden sollen, muss in der Beitragsordnung festgelegt werden, in welcher Form und mit welchen Fristen der Jugendliche die Ermäßigungsgründe belegen soll.

Eine weitere mögliche Unterscheidung ist jene in passive und aktive Mitglieder. Dies ist zumindest dann überlegenswert, wenn der Vereinszweck das Freizeitverhalten der Mitglieder begünstigt (z.B. Sport, Orchester).

Damit die Mitgliedsbeiträge flexibel an die äußeren Umstände und den aktuellen Finanzbedarf angepasst werden können, sollte die Satzung nur die Bestimmung enthalten, dass Mitgliedsbeiträge erhoben werden. Weitere Einzelheiten zur Höhe, Fälligkeit und Form der Erhebung (z.B. Lastschriftverfahren) können in einer Beitragsordnung geregelt werden.

Tipp

Am besten werden die Fälligkeit und die Form der Erhebung in der Beitragsordnung vom Vorstand festgelegt. Der Vorstand kann auch ermächtigt werden, im Einzelfall aus sozialen Gründen Beiträge zu erlassen oder zu ermäßigen.

Die entsprechende Satzungsregelung könnte wie folgt lauten:

Satzungsregelung zu Mitgliedsbeiträgen

Der Verein erhebt Mitgliedsbeiträge. Näheres regelt die Beitragsordnung, die vom Vorstand erlassen und geändert werden kann.
Die Höhe der Mitgliedsbeiträge wird von der Mitgliederversammlung mit einfacher Mehrheit beschlossen.

(Zur Absetzbarkeit von Mitgliedsbeiträgen als Spenden siehe weiter unten.)

Umlagen

Im Unterschied zu wiederkehrenden Mitgliedsbeiträgen, die der Deckung der laufenden Kosten des Vereins dienen, wird mit einer Umlage ein außergewöhnlicher Finanzbedarf abgedeckt, der nicht vorhersehbar war und der mit den regelmäßigen Beiträgen nicht erfüllt werden kann. Infrage kommen die Abdeckung von Vereinsschulden oder die Finanzierung von kostenintensiven Renovierungen, Modernisierungen oder erforderlichen Neubauten.

Bei den Umlagen handelt es sich um:

→ zweckgebundene Investitionsumlagen (z.B. für den Bau eines Vereinsheims),

→ Beiträge zum Ausgleich bestimmter Leistungen (Platzgebühr),

→ Beiträge zur Deckung außergewöhnlicher Aufwendungen oder zur Abdeckung von Verlusten.

Für die Erhebung einer Umlage ist grundsätzlich eine Ermächtigung in der Satzung erforderlich. Die Satzung muss zudem eine Obergrenze festlegen und bestimmen, welches Gremium die Umlage festsetzt.

Satzungsregelung zur Erhebung von Umlagen

Die Mitgliederversammlung kann Umlagen beschließen, wenn ein außerordentlicher Finanzbedarf vorliegt. Die Höhe der Umlage darf nicht mehr als das Doppelte des Jahresbeitrags ausmachen. Über die Fälligkeit der Umlage und die Möglichkeit zur Ratenzahlung entscheidet der Vorstand.

Umlagen können auch genutzt werden, um nur diejenigen Mitglieder mit Kosten zu belasten, die Sonderkosten verursachen.

Beispiel

Der Tennisclub unterhält mehrere Tennisplätze zur freien Nutzung der Mitglieder. Im Winter werden in einer Halle Plätze vom Verein angemietet, um das Jugendtraining durchzuführen. Ein Teil der

Miete wird vom Verein getragen. Die verbleibenden Kosten werden auf die Trainingsteilnehmer umgelegt.

• •

Zuschüsse

Je nach Satzungszweck kann die Finanzierung des Vereins über Zuschüsse erfolgen. Zuschüsse sind von öffentlichen Stellen gewährte finanzielle Unterstützungen.

Städte und Gemeinden zahlen häufig Zuschüsse für bestimmte Leistungen oder Projekte, zum Beispiel für:

→ kulturelle Leistungen (z.B. Theateraufführungen oder Konzerte),
→ Sport- und Bewegungsangebote für Jugendliche,
→ die Durchführung von Feriencamps,
→ Heimatpflege,
→ Traditionspflege,
→ Ausfahrten für Senioren.

Darüber hinaus gibt es Fördertöpfe auf Landes- und Bundesebene, und auch die Europäische Union hat eine Vielzahl von Förderprogrammen aufgelegt. Häufig sollen mit diesen Programmen bestimmte Vereinszwecke allgemein oder aus strukturpolitischen, volkswirtschaftlichen oder allgemeinpolitischen Gründen gefördert werden. Teilweise müssen in der Satzung des Vereins bestimmte Voraussetzungen geschaffen werden, um Zuschüsse für bestimmte Bereiche zu erhalten (beispielsweise eine eigene Jugendabteilung). Es lohnt sich auf jeden Fall, bei der Kommune anzufragen, welche Fördergrundsätze dort konkret festgelegt wurden.

Häufig gibt es auch einmalige Zuschüsse für besondere Aktivitäten. Hier ein paar Beispiele:

→ Durchführung einer Kunstausstellung,
→ Ausrichtung einer überregionalen Meisterschaft im Sport,
→ Sanierung oder Modernisierung von Vereinsanlagen,
→ Vereinsjubiläum.

Spenden

Eine weitere Finanzierungsquelle stellen Spenden dar. Spenden werden von Unternehmen und Privatpersonen gewährt und sind freiwillige und unentgeltliche Ausgaben zur Förderung steuerbegünstigter Zwecke. Sie werden „der Sache wegen" gewährt, das heißt, der Spender erwartet und erhält keinen wirtschaftlichen Vorteil, die Spendenmotivation muss im Vordergrund stehen.

Im Gesetz wird der Begriff „Zuwendungen" verwendet, gemeint sind damit Geld- und Sachspenden. Bestimmte Nutzungen wie die Nutzung eines privaten Pkws für Zwecke des Vereins oder bestimmte Leistungen wie z.B. der Arbeits- und Zeitaufwand von Mitgliedern für einen Verein können dagegen nicht Gegenstand einer Spende sein. Eine Ausnahme hierbei bilden sogenannte Aufwandsspenden (Näheres dazu weiter unten).

Die steuerliche Abzugsfähigkeit von Spenden

Auch wenn Spender keine wirtschaftlichen Vorteile erwarten dürfen, können sie die Spende doch steuerwirksam geltend machen, was – je nach persönlichem Steuersatz – zu einer Steuerersparnis von bis zu 45 % verhelfen kann.

Voraussetzung für die steuerliche Abzugsfähigkeit einer Spende beim Zahlenden ist:

→ Sie muss freiwillig geleistet werden,

→ es darf keine Gegenleistung (z.B. Unternehmenswerbung) durch den Verein erfolgen,

→ der Spender muss wirtschaftlich belastet sein und

→ der Verein muss die Spende für begünstigte Zwecke verwenden.

Wenn diese Voraussetzungen erfüllt sind, darf der Verein eine Zuwendungsbestätigung nach einem amtlich vorgegebenen Text ausstellen, die es dem Spender ermöglicht, diese in seiner Steuererklärung steuermindernd abzusetzen.

Im Folgenden finden Sie ein Muster der Zuwendungsbestätigung. Achtung: Der Verein muss jede einzelne Bestimmung sorgfältig beachten:

Aussteller (Bezeichnung und Anschrift der steuerbegünstigten Einrichtung)

Bestätigung über Geldzuwendungen/Mitgliedsbeitrag

im Sinne des § 10b des Einkommensteuergesetzes an eine der in § 5 Abs. 1 Nr. 9 des Körperschaftsteuergesetzes bezeichneten Körperschaften, Personenvereinigungen oder Vermögensmassen

Name und Anschrift des Zuwendenden:

....

Tag der Zuwendung: ....
Betrag der Zuwendung in Ziffern und in Buchstaben:

....

Es handelt sich um den Verzicht auf Erstattung von Aufwendungen: Ja/Nein

Wir sind wegen Förderung (Angabe des begünstigten Zwecks/der begünstigten Zwecke):

.... nach dem Freistellungsbescheid bzw. nach der Anlage zum Körperschaftsteuerbescheid des Finanzamtes .... StNr. .... vom .... für den letzten Veranlagungszeitraum .... nach § 5 Abs. 1 Nr. 9 des Körperschaftsteuergesetzes von der Körperschaftsteuer und nach § 3 Nr. 6 des Gewerbesteuergesetzes von der Gewerbesteuer befreit

bzw. bei Neugründungen:

Die Einhaltung der satzungsmäßigen Voraussetzungen nach den §§ 51, 59, 60 und 61 AO wurde vom Finanzamt .... StNr. .... mit Bescheid vom .... nach § 60a AO gesondert festgestellt. Wir fördern nach unserer Satzung (Angabe des begünstigten Zwecks/der begünstigten Zwecke) ....

Es wird bestätigt, dass die Zuwendung nur zur Förderung (Angabe des begünstigten Zwecks/der begünstigten Zwecke) .... verwendet wird.

Nur für steuerbegünstigte Einrichtungen, bei denen die Mitgliedsbeiträge steuerlich nicht abziehbar sind:

Es wird bestätigt, dass es sich nicht um einen Mitgliedsbeitrag handelt, dessen Abzug nach § 10b Abs. 1 des Einkommensteuergesetzes ausgeschlossen ist.

....

Ort, Datum und Unterschrift des Zuwendungsempfängers.

Hinweis:

Wer vorsätzlich oder grob fahrlässig eine unrichtige Zuwendungsbestätigung erstellt oder wer veranlasst, dass Zuwendungen nicht zu den in der Zuwendungsbestätigung angegebenen steuerbegünstigten Zwecken verwendet werden, haftet für die entgangene Steuer (§ 10b Abs. 4 EStG, § 9 Abs. 3 KStG, § 9 Nr. 5 GewStG).

Diese Bestätigung wird nicht als Nachweis für die steuerliche Berücksichtigung der Zuwendung anerkannt, wenn das Datum des Freistellungsbescheides länger als 5 Jahre bzw. das Datum der Feststellung der Einhaltung der satzungsmäßigen Voraussetzung nach § 60a Abs. 1 AO länger als 3 Jahre seit Ausstellung des Bescheides zurückliegt (§ 63 Abs. 5 AO).

Sie müssen auch die Hinweise bei **Sachspenden** sorgfältig beachten. Insbesondere die Frage zur Höhe der Sachspende muss bei Spenden aus dem Privatvermögen durch geeignete Unterlagen nachgewiesen werden.

Aussteller (Bezeichnung und Anschrift der steuerbegünstigten Einrichtung)

Bestätigung über Sachzuwendungen

im Sinne des § 10b des Einkommensteuergesetzes an einer der in § 5 Abs. 1 Nr. 9 des Körperschaftsteuergesetzes bezeichneten Körperschaften, Personenvereinigungen oder Vermögensmassen

Name und Anschrift des Zuwendenden:

....

Tag der Zuwendung: . . . .

Wert der Zuwendung in Ziffern und in Buchstaben:

. . . .

Genaue Bezeichnung der Sachzuwendung mit Alter, Zustand, Kaufpreis usw.

. . . .

Die Sachzuwendung stammt nach den Angaben des Zuwendenden aus dem Betriebsvermögen. Die Zuwendung wurde nach dem Wert der Entnahme (ggfs. mit dem niedrigeren gemeinen Wert) und nach der Umsatzsteuer, die auf diese Entnahme entfällt, bewertet.

Die Sachzuwendung stammt nach den Angaben des Zuwendenden aus dem Privatvermögen.

Der Zuwendende hat trotz Aufforderung keine Angaben zur Herkunft der Sachzuwendung gemacht.

Geeignete Unterlagen, die zur Wertermittlung gedient haben, z.B. Rechnung Gutachten, liegen vor.

Wir sind wegen Förderung (Angabe des begünstigten Zwecks/der begünstigten Zwecke):

. . . .

nach dem Freistellungsbescheid bzw. nach der Anlage zum Körperschaftsteuerbescheid des Finanzamtes . . . . StNr. . . . . vom . . . . für den letzten Veranlagungszeitraum . . . . nach § 5 Abs. 1 Nr. 9 des Körperschaftsteuergesetzes von der Körperschaftsteuer und nach § 3 Nr. 6 des Gewerbesteuergesetzes von der Gewerbesteuer befreit

bzw. bei Neugründungen:

Die Einhaltung der satzungsmäßigen Voraussetzungen nach den §§ 51, 59, 60 und 61 AO wurde vom Finanzamt . . . . StNr. . . . . mit Bescheid vom . . . . nach § 60a AO gesondert festgestellt. Wir fördern nach unserer Satzung (Angabe des begünstigten Zwecks/der begünstigten Zwecke) . . . .

Es wird bestätigt, dass die Zuwendung nur zur Förderung (Angabe des begünstigten Zwecks/der begünstigten Zwecke) . . . . verwendet wird.

. . . .

Ort, Datum und Unterschrift des Zuwendungsempfängers. Hinweis: Wer vorsätzlich oder grob fahrlässig eine unrichtige Zuwendungsbestätigung erstellt oder wer veranlasst, dass Zuwendungen nicht zu den in der Zuwendungsbestätigung angegebenen steuerbegünstigten Zwecken verwendet werden, haftet für die entgangene Steuer (§ 10b Abs. 4 EStG, § 9 Abs. 3 KStG, § 9 Nr. 5 GewStG).
Diese Bestätigung wird nicht als Nachweis für die steuerliche Berücksichtigung der Zuwendung anerkannt, wenn das Datum des Freistellungsbescheides länger als 5 Jahre bzw. das Datum der Feststellung der Einhaltung der satzungsmäßigen Voraussetzung nach § 60a Abs. 1 AO länger als 3 Jahre seit Ausstellung des Bescheides zurückliegt (§ 63 Abs. 5 AO).

Wann sind Mitgliedsbeiträge als Spenden abzugsfähig?

Mitgliedsbeiträge sind grundsätzlich wie Spenden steuerbegünstigt. Dabei werden Umlagen und Aufnahmegebühren ebenso wie Mitgliedsbeiträge behandelt.

Die Steuerbegünstigung ist jedoch ausgeschlossen, wenn der Verein die Freizeitgestaltung fördert. Zu diesen Freizeitgestaltungen zählen:

→ Sport,
→ kulturelle Betätigungen zur Freizeitgestaltung wie die Teilnahme an Musik- und Gesangsvereinen sowie Theaterspielvereinen,
→ Heimatpflege und Heimatkunde,
→ Tierzucht,
→ Pflanzenzucht,
→ Kleingärtnerei,
→ traditionelles Brauchtum, dazu zählen auch Karneval, Fastnacht und Fasching,
→ Soldaten- und Reservistenbetreuung,

→ Amateurfunken,
→ Modellflug,
→ Hundesport.

Aufwandsspenden

Gegenstand einer Spende können, wie oben bereits erläutert, grundsätzlich nur Geld- oder Sachwerte sein. Eine Ausnahme bilden Aufwandsspenden. Im Vereinsbereich werden kleinere Tätigkeiten häufig ehrenamtlich erledigt. Gleichermaßen werden häufig Fahrtkosten oder kleinere Auslagen nicht mit dem Verein abgerechnet. Sie werden dem Verein „geschenkt" und können als Aufwandsspenden steuerlich abgesetzt werden, wenn bestimmte Bedingungen eingehalten werden.

Unter der Voraussetzung, dass der Verein über ausreichende Mittel verfügt, kann der Vorstand mit den für den Verein tätigen Mitgliedern vereinbaren, dass diese angemessene Vergütungen erhalten und dass ihre getätigten Aufwendungen (Fahrtkosten, Auslagen) nach Abrechnung ausbezahlt werden. Die Vergütungen müssen stundenweise oder nach Art der Tätigkeit nachgewiesen werden. Der Verein muss überdies finanziell in der Lage sein, bei Fälligkeit die Abrechnung auszuzahlen.

Wenn im Zeitpunkt der Abrechnung – nicht früher – auf die Auszahlung verzichtet wird, liegt eine Aufwandsspende vor. Mit dem Formular „Geldspenden" darf eine Zuwendungsbestätigung ausgestellt werden.

Auf Seiten des Spenders handelt es sich um einen Verzicht auf die Bezahlung von Forderungen gegenüber dem Verein. Das sind Rechnungen oder Abrechnungen über gelieferte Waren oder ausgeführte Dienstleistungen. Der Verein könnte die jeweiligen Beträge auch auszahlen und der Empfänger könnte sie als Spende zurückzahlen. Zur Abkürzung des Zahlungsweges ist es ausreichend, wenn der Zahlungsempfänger bei Fälligkeit auf die Auszahlung verzichtet und um die Ausstellung einer Zuwendungsbestätigung bittet. Der Verein nutzt das Formular für Geldspenden und vermerkt, dass es sich um eine Aufwandsspende handelt. Der Verzicht ist jedoch frühestens nach Erbringung der Leistung zulässig!

Checkliste für Aufwandsspenden

❑ Es muss ein einklagbarer Vergütungsanspruch bestehen.

❑ Der Anspruch muss im Voraus (möglichst schriftlich) und insbesondere
- nicht unter der Bedingung des Verzichts
- bei wirtschaftlicher Leistungsfähigkeit des Vereins

eingeräumt worden sein.

❑ Der Spender verzichtet nachträglich auf diesen Anspruch.

❑ In der Zuwendungsbestätigung erfolgt ein Hinweis auf den Aufwandsverzicht.

❑ Der Verein macht Aufzeichnungen über den Tag und den bestätigten Wert der Zuwendung.

Aufzeichnungspflichten

Die Spendeneinnahmen und ihre zweckentsprechende Verwendung müssen ordnungsgemäß aufgezeichnet sowie ein Doppel der Zuwendungsbestätigung aufbewahrt werden. Bei Sachzuwendungen und beim Verzicht auf die Erstattung von Aufwand müssen sich aus den Aufzeichnungen auch die Grundlagen für den vom Verein bestätigten Wert der Zuwendung ergeben.

Spendenhaftung

Die Finanzverwaltung ist im Hinblick auf Manipulationen im Spendenbereich sehr streng.

Wer vorsätzlich oder grob fahrlässig eine unrichtige Bestätigung ausstellt (Ausstellerhaftung) oder wer veranlasst, dass Zuwendungen nicht zu den in der Bestätigung angegebenen steuerbegünstigten Zwecken verwendet werden (Veranlasserhaftung), haftet für die entgangene Steuer. Diese ist mit 30 % des zugewendeten Betrags anzusetzen. Außerdem kann dem Verein die Gemeinnützigkeit aberkannt werden.

Diese Haftung soll dem Missbrauch von Zuwendungsbestätigungen entgegenwirken.

Veranstaltungen

Mit der Durchführung von Veranstaltungen verwirklicht der Verein seinen Vereinszweck, Beispiele sind

→ Wettkampfveranstaltungen des Sportvereins und
→ Konzerte und Theateraufführungen eines Kulturvereins.

Darüber hinaus dienen Veranstaltungen der Darstellung der Vereinsziele in der Öffentlichkeit und sie fördern den Zusammenhalt der Mitglieder. Letztendlich sind sie auch eine wichtige Finanzierungsquelle des Vereins. Sie dürfen jedoch nicht die Haupteinnahmequelle darstellen, da in einem solchen Fall durch das Registergericht ein wirtschaftlicher Verein angenommen werden könnte. Dieser kann nicht in das Vereinsregister eingetragen werden.

Steuerliche Besonderheiten

Soweit die Einnahmen in Kursgebühren oder Teilnehmerentgelten bestehen, handelt es sich um Einnahmen im steuerbegünstigten Zweckbetrieb und diese unterliegen nicht der Umsatzsteuer. (Zur steuerlichen Behandlung siehe auch Kapitel 8)

Die Einnahmen aus dem Verkauf von Speisen und Getränken und andere Erlöse aus der Durchführung von geselligen Veranstaltungen sind dem wirtschaftlichen Geschäftsbetrieb (Erklärung siehe Kapitel 8) zuzuordnen. Sofern die Kleinunternehmergrenze überschritten wird, sind 19 % Mehrwertsteuer – vermindert um die Vorsteuer aus zugehörigen Eingangsleistungen – zu bezahlen. (Siehe zur Umsatzsteuerbesteuerung auch Kapitel 8)

Solange die Durchführung von wirtschaftlichen Veranstaltungen nur „nebenbei" betrieben wird, in der Hauptsache also die Satzungszwecke verfolgt werden, liegt keine Gefährdung der Gemeinnützigkeit vor.

Hinweis

Beachten Sie, dass öffentliche Musikdarbietungen der Urheberrechtsabgabe der GEMA (Komponisten) unterliegen. Die Veranstaltungen müssen vorher angemeldet werden. Wenn dies versäumt wird, werden höhere Abgaben berechnet. Teilweise bestehen hier Rahmenvereinbarungen mit Verbänden.

Sponsoren

Sponsoring hat in den vergangenen Jahren eine rasante Entwicklung verzeichnet. Die Wirtschaft hat erkannt, dass die Verknüpfung von Produktwerbung und Vereinsaktivitäten Unternehmen eine breite Plattform bietet, sich in der Öffentlichkeit darzustellen.

Sponsoring ist ein Marketing- und Kommunikationsinstrument mit klar vereinbarten Leistungen des Vereins und des Sponsors. Es basiert konsequent auf dem Grundprinzip von Leistung und Gegenleistung:

→ Der **Sponsor** will eine Werbebotschaft verbreiten. Er will sein Markenzeichen und seinen Slogan kommunizieren, um damit deren Bekanntheitsgrad zu steigern und sein Image zu fördern.

→ Der **Gesponserte** erwartet für seine Aktivitäten vom Sponsor finanzielle oder materielle Gegenleistungen zur Förderung seiner Vereinsarbeit.

Bei der Auswahl von Unternehmen, die für ein Sponsoring geeignet sind, müssen Sie darauf achten, dass das fördernde Unternehmen in das Gesamtbild des Vereins passt. Beispielsweise ist bei einem Sportverein Werbung für Spirituosen, Zigaretten oder politische Parteien prinzipiell abzulehnen.

Kritisch zu beurteilen sind folgende Kriterien:

→ Akzeptanz der Mitglieder,
→ Image des Unternehmens,
→ Bedeutung des Unternehmens in der Region,
→ Akzeptanz der zu vereinbarenden Leistungspalette,
→ Höhe der Sponsorenerlöse,

→ persönliche Bindung zum Verein,
→ Langfristigkeit des Engagements.

Sponsoring von Veranstaltungen

Die größten finanziellen Mittel fließen in das Sponsoring von Veranstaltungen. In diesem Rahmen gibt es für den Sponsor eine breite Palette von Möglichkeiten der eigenen Präsentation.

Vereinsveranstaltungen können dem Sponsor ein interessantes Umfeld bieten, um ausgewählte Kunden, Lieferanten, Geschäftsfreunde und Politiker einzuladen. Die Möglichkeit, in zwangloser Atmosphäre ins Gespräch zu kommen, ist eine gesuchte Form der Kontaktpflege. So verschafft ein VIP-Bereich mit exklusivem Zugang den unterstützenden Unternehmen und ihren Kunden das Gefühl, etwas „Besonderes" zu sein, er vermittelt ein Gefühl der „Wichtigkeit". Für die Imagewerbung eines Unternehmens ist schließlich der Jugendbereich im Hinblick auf die Bindung des „Kunden von morgen" bedeutsam.

Sie müssen die Erwartungen Ihrer Sponsoren offen ansprechen und die Möglichkeiten der Realisation gemeinsam erarbeiten. Sie können dem Unternehmen aber auch deutlich machen, dass Ihre Vereinsziele zu einer Stärkung von dessen Image genutzt werden können. Dabei stehen folgende Aspekte im Vordergrund:

• •

Chancen des Veranstaltungs-Sponsorings

- den Bekanntheitsgrad einer Marke stabilisieren,
- die Ansprache einer Zielgruppe in einem attraktiven Erlebnisumfeld,
- ein Imagetransfer der Vereinsleistungen auf die Produkte und Leistungen des Unternehmens,
- die Schaffung von Goodwill und Glaubwürdigkeit in bestimmten lokalen bzw. regionalen Bevölkerungsgruppen,
- die Dokumentation einer gesellschaftlichen Verantwortung,
- eine gute Kosten-Nutzen-Nutzen-Relation.

• •

Vorbereitung

Im Zuge der Vorbereitung der Suche nach Sponsoren für eine Veranstaltung sollten Sie eine Mappe mit einem Veranstaltungskonzept erstellen. Die folgende Checkliste listet alle Informationen auf, die diese Mappe enthalten sollte:

• •

Checkliste zum Sponsoring einer Veranstaltung

- ❑ Vorstellung des Vereins,
- ❑ Ablauf der geplanten Veranstaltung,
- ❑ Bedeutung der Veranstaltung in der Region,
- ❑ vorhandene Medienkontakte,
- ❑ geplante vorbereitende Kommunikationsmaßnahmen,
- ❑ Finanzplan (Verwendungsplanung),
- ❑ Kontinuität der Veranstaltung (Pressemappe der Vorjahre),
- ❑ Einbindung der Veranstaltung in ein ganzjähriges Konzept,
- ❑ Möglichkeiten der Einbindung von Geschäftsfreunden (VIP),
- ❑ geplante Pressekontakte (Pressekonferenz, -informationen),
- ❑ Beteiligung weiterer Sponsoren,
- ❑ erwarteter Zuschauerzuspruch,
- ❑ Interesse der Medien (Zeitung, Fernsehen, Rundfunk),
- ❑ Zustimmung bzw. Mitwirkung wichtiger Persönlichkeiten,
- ❑ Zielgruppe der Veranstaltung.

• •

Organisation und Durchführung

Ein erfolgreiches Sponsoring setzt letzten Endes eine reibungslose Begleitung des Sponsors, seine gewünschte Einbindung und eine einwandfreie Durchführung der Veranstaltung voraus. Gleichermaßen muss die Ausrichtung der Veranstaltung ohne Pannen verlaufen und der Sponsor muss in diesem Rahmen seine Vorstellungen realisieren können.

Der Verein ist verantwortlich für den Einsatz geeigneter Mitarbeiter, die das benötigte Auftreten und die entsprechenden Kompetenzen haben und im benötigten zeitlichen Rahmen zur Verfügung stehen.

Kapitel 7

Öffentlichkeitsarbeit im Verein – Wie gewinnt man Mitglieder und Sponsoren?

Voraussetzung für die Gewinnung neuer Vereinsmitglieder und Sponsoren ist eine gute Öffentlichkeitsarbeit. Die Kunst der guten Öffentlichkeitsarbeit besteht in der richtigen Dosierung des Informationsoutputs. So führen schlecht aufgemachte Newsletter zu einem negativen Image, wohingegen ein positiver Pressebericht bereits viel Aufmerksamkeit erregen kann, die genutzt werden sollte.

Bei der Öffentlichkeitsarbeit spielt nicht nur die Außenwirkung eine Rolle, sondern auch die Verbindung zu den eigenen Mitgliedern. Denn die eigenen Mitglieder sind die Stütze der Vereinsarbeit und die besten Kommunikatoren nach außen.

In diesem Kapitel finden Sie die wichtigsten öffentlichkeitswirksamen Kommunikationsmittel und Werbeträger.

Internetauftritt

Eine vereinseigene Homepage ist nicht nur ein wichtiges Kommunikationsmittel, sondern auch ein äußerst effektiver Werbeträger. Viele Menschen informieren sich im Internet über Freizeitmöglichkeiten etc., dies bietet dem Verein die Möglichkeit, auf sich aufmerksam zu machen.

Bei der Gestaltung der Homepage sollte Folgendes beachtet werden:

→ Eine Homepage muss immer aktuell sein! Nichts ist abschreckender als ein Hinweis auf eine „aktuelle" Veranstaltung, die schon vor langer Zeit stattgefunden hat.

→ Informieren Sie auf Ihrer Homepage über kommende Veranstaltungen oder Wettkämpfe mit dem genauen Datum und Veranstaltungsort. Laden Sie den Leser ein, vorbeizukommen und sich den Verein näher anzuschauen.

→ Das Vereinsleben sollte mit Bildern und kurzen Texten illustriert werden. Veranstaltungsberichte und vielleicht Kommentare von Teilnehmern runden das Bild ab.

→ Ein Diskussionsforum kann ebenfalls Interessierte anlocken.

→ Verwenden Sie aussagekräftige Begriffe, die im Zusammenhang mit Ihrer Vereinstätigkeit stehen. So werden Sie durch Google & Co. gefunden.

→ Auf der Homepage muss eine Möglichkeit zur Kontaktaufnahme vorhanden sein.

Hinweis

Beachten Sie unbedingt die gesetzlichen Bestimmungen zum Impressum sowie die Urheber- und Datenschutzrechte, das Spamverbot und vieles mehr.

Lassen Sie sich beraten, wenn es um die Gestaltung und die Inhalte Ihres Internetauftrittes geht. Eine amateurhafte Homepage wirkt eher abschreckend.

Social Media (Web 2.0)

Viele Vereine nutzen Facebook (www.facebook.de) für einen eigenen Auftritt. Diese Plattform stellt eine weitere Möglichkeit dar, neue Mitglieder und Unterstützer zu finden. Dort können auch Veranstaltungen des Vereins bekannt gemacht werden. Durch das Konzept des „Teilens" bietet dieses Medium einen hohen Verbreitungsgrad.

Auch der Nachrichtenkanal Twitter (www.twitter.de) kann für Mitteilungen des Vereins gut genutzt werden. Hier werden Kurznachrichten mit einer maximalen Länge von 140 Zeichen an sog. *Follower* geschickt. Durch die Einbindung der Vereinshomepage können auch auf diesem Weg interessierte Menschen als neue Mitglieder gewonnen werden.

Werbematerialien

Entwerfen Sie Werbebroschüren, in denen Sie Ihren Verein vorstellen. Achten Sie dabei vor allem darauf, den „Mehrwert" einer Mitgliedschaft oder eines möglichen Sponsorings deutlich zu machen.

Auch wirkt es professionell, wenn der Vorstand eigene Visitenkarten hat, um als Ansprechpartner präsent zu sein.

Hinweis

Künstlersozialversicherung

Wenn Sie freie Mitarbeiter im Bereich der Kultur als Publizisten oder mit der Gestaltung Ihrer Homepage, von Werbeflyern oder einer Vereinszeitschrift beauftragen, müssen 4,1 % der Honorare an die Künstlersozialversicherung (http://www.kuenstlersozialkasse.de) abgeführt werden. Nähere Informationen dazu haben wir im Internet auf der Seite des bdvv hinterlegt.

Informationsveranstaltungen

Nutzen Sie Bürger- oder Stadtteilfeste, um auf Ihren Verein aufmerksam zu machen. Ein eigener Informationsstand bietet die Möglichkeit, ins Gespräch zu kommen.

Je nachdem, welche Aktivitäten Ihr Verein bietet, kann auch eine Vorführung, beispielsweise eines Theatervereins, oder ein Schauwettkampf das Interesse wecken.

Formen der elektronischen Kommunikation

Eine gute Öffentlichkeitsarbeit setzt die Kenntnis und Beherrschung der elektronischen Medien voraus. Nutzen Sie die Möglichkeiten des Internets für Ihre Kommunikation und eine gute und erfolgreiche PR-Arbeit. Folgende Mittel bieten sich an:

→ E-Mails,
→ Intranet – das interne Kommunikationsnetz der Mitglieder,
→ Pressemeldungen per Internet,
→ Weblogs – Nachrichten aus dem Vereinsalltag,
→ Kommunikation in sozialen Netzwerken wie facebook, twitter oder google+.

Beachten Sie jedoch: Internetleser bleiben nicht lange bei einer Nachricht. Viele User stehen unter dem Eindruck, sie würden etwas für sie Wichtiges verpassen. Sie sollten die Aufmachung und die Inhalte dieser Zielgruppe anpassen und deren Bedürfnissen gerecht werden. Vereinsmeldungen in den elektronischen Medien müssen daher kurz und spritzig sein: ein prägnanter, witziger Beginn gefolgt von knappen Fakten.

Pressewart

Den Pressewart alter Prägung gibt es nicht mehr. Er muss heute nicht nur informieren, er muss vor allem schnell informieren und die Geschwindigkeit der Nachrichtenverbreitung der modernen Medien ausnutzen. Für eine erfolgreiche Öffentlichkeitsarbeit braucht er ein Team, das ihm interessante Vereinsinformationen schnell zur Verfügung stellt. In jeder Abteilung oder Gruppierung des Vereins sollte ein Ansprechpartner vorhanden sein, der den Pressewart über vergangene Aktivitäten und zukünftige Veranstaltungen informiert. Der Pressewart muss die Zugriffsberechtigung auf die Homepage des Vereins organisieren und die Veröffentlichungen kontrollieren.

Tageszeitungen

Auch wenn die modernen Medien stärker werden und insbesondere das junge Publikum erreichen, ist die herkömmliche Presse – die Tageszeitung – immer noch die Grundlage jeder Berichterstattung. Sie müssen daher Kontakt zu dem für Ihren Verein zuständigen Redakteur halten. Das kann die Sportredaktion, die Kulturredaktion oder allgemein die Lokalredaktion sein.

Sprechen Sie mit „Ihrem" Redakteur ab, welche Informationen für ihn interessant sind. Journalisten stehen immer unter Zeitdruck. Meldungen müssen daher regelmäßig kurz und knapp gehalten sein. Berichte mit kuriosen oder besonderen Begebenheiten ziehen immer und können den Aufhänger für einen Bericht über eine Vereinsveranstaltung bilden. Um professionell Pressearbeit betreiben zu können, empfiehlt es sich, ein Presseseminar zu besuchen, um den formalen Aufbau und die wichtigsten Aspekte von Zeitungsartikeln kennenzulernen.

Beliebt sind auch Fotos – jedoch keine Porträtfotos, sondern Actionfotos. Aber auch das Fotografieren will gelernt sein, daher ist es anfangs besser, erfahrene Fotografen zu engagieren.

Schließlich müssen die von Ihnen aufgebauten Kontakte gepflegt werden. Durch die regelmäßige Zusendung von Material oder kurze Anrufe wissen Sie bald, was dem jeweiligen Journalisten wichtig ist. Sie müssen selbstverständlich vereinsintern organisieren, dass Sie auch von den Abteilungen oder Gruppen ständig auf dem Laufenden gehalten werden.

Fundraising

Fundraising heißt wörtlich „Geldbeschaffung". Als Fundraising wird die planvolle Mittelgewinnung in Form von Spenden und Zuschüssen für den Verein verstanden. Fundraising ist aber nicht nur die unmittelbare Akquisition von Spenden. Auch die Teilnahme von Prominenten, Künstlern, Politikern oder Vertretern von Institutionen oder Unternehmen an Veranstaltungen des Vereins werten diese auf und machen das Anliegen des Vereins einer breiten Öffentlichkeit bekannt. Hier können Sie die vorstehend beschriebenen Pressekontakte optimal einsetzen.

Darunter kann aber auch die Gewinnung von ehrenamtlichen Mitarbeitern fallen, weil diese die Arbeit des Vereins insbesondere bei der Durchführung von Veranstaltungen maßgeblich verstärken.

Fundraising bietet neue Chancen, Unterstützung zu gewinnen und diese zugleich als Multiplikator für weitere Hilfen und das Sammeln von Spenden einzusetzen.

Kapitel 8

Steuerrecht – abschreckend kompliziert?

Das Steuerrecht ist generell kompliziert, da die Steuergrundlagen abstrakt im Gesetz beschrieben werden. Die Beurteilung, ob ein konkreter Sachverhalt steuerpflichtig ist – wobei mehrere Steuerarten zu berücksichtigen sind –, fällt nicht immer leicht. In diesem Kapitel erläutern wir als wichtige Steuerarten die Körperschaftsteuer und die Umsatzsteuer.

Die Körperschaftsteuer im Vereinsbereich

Durch die Besteuerung der wirtschaftlichen Tätigkeiten von Vereinen soll vermieden werden, dass Vereine im Vergleich zu steuerpflichtigen Unternehmen mit gleichen Leistungen (z.B. Verkauf von Speisen und Getränken) Wettbewerbsvorteile genießen. Dennoch gelten für Vereine einige Ausnahmen: Ein nicht gemeinnütziger Verein ist von der Körperschaftsteuer befreit, soweit er seine Aktivitäten ausschließlich mit Mitgliedsbeiträgen finanziert.

Beim gemeinnützigen Verein wird die Steuerbefreiung ausgedehnt auf Tätigkeiten im Zweckbetrieb und der Vermögensverwaltung. Die einzelnen Tätigkeitsbereiche gemeinnütziger Vereine lassen sich wie folgt darstellen:

Ideeller Bereich

In diesem Bereich werden auf der Einnahmenseite die Mitgliedsbeiträge, Spenden und die allgemeinen Zuschüsse erfasst, und als Aufwendungen diejenigen Beträge, die mit diesen Einnahmen im Zusammenhang stehen.

Vermögensverwaltung

Hier werden die Einnahmen und Ausgaben im Zusammenhang mit der Nutzung und Verwertung des eigenen Vermögens erfasst. Eine Vermögensverwaltung liegt vor, wenn Vermögen genutzt wird, zum Beispiel Kapitalvermögen verzinslich angelegt oder unbewegliches Vermögen vermietet oder verpachtet wird.

Wirtschaftlicher Geschäftsbetrieb

Ein wirtschaftlicher Geschäftsbetrieb ist eine selbstständige nachhaltige Tätigkeit, durch die Einnahmen oder andere wirtschaftliche Vorteile erzielt werden und die über den Rahmen einer Vermögensverwaltung hinausgeht. Die Absicht, Gewinn zu erzielen, ist nicht erforderlich.

Zweckbetrieb

Die Geschäftsführung eines gemeinnützigen Vereins muss auf die Erfüllung des steuerbegünstigten Zwecks gerichtet sein und der Satzung entsprechen. Häufig kann der Satzungszweck nur im Rahmen von wirtschaftlichen Aktivitäten erfüllt werden. Diese wirtschaftliche Betätigung wird als steuerbegünstigter Zweckbetrieb anerkannt, wenn

→ der wirtschaftliche Geschäftsbetrieb in seiner Gesamtrichtung dazu dient, die steuerbegünstigten satzungsmäßigen Zwecke des Vereins zu verwirklichen,

→ die Zwecke nur durch einen solchen Geschäftsbetrieb erreicht werden können und

→ der wirtschaftliche Geschäftsbetrieb zu nicht begünstigten Betrieben derselben oder ähnlicher Art nicht in größerem Umfang in Wettbewerb tritt, als es bei Erfüllung der steuerbegünstigten Zwecke unvermeidbar ist.

Beispiele

- Ein Verein stellt eine Vereinszeitschrift her, in der lediglich über die satzungsmäßigen Zwecke des Vereins berichtet wird, und verkauft diese.
- Ein Angelverein verkauft Angelkarten an seine Vereinsmitglieder.
- Im Tierheim lebende Tiere werden vom Verein gegen eine nach Art, Alter und Abstammung gestaffelte Vermittlungsgebühr abgegeben.

Der ideelle Bereich, die Vermögensverwaltung und die Zweckbetriebe sind ertragsteuerfrei, nur der Gewinn des wirtschaftlichen Geschäftsbetriebs unterliegt der Körperschaft- und Gewerbesteuer, sofern die Einnahmen höher als 35.000 Euro im Jahr sind.

Besteuerungsgrenze

Eine weitere Steuerbefreiung ergibt sich aus der Höhe der Einnahmen: Die Körperschaftsteuer auf die Gewinne aus den steuerpflichtigen wirtschaftlichen Geschäftsbetrieben wird nicht erhoben, wenn die Bruttoeinnahmen, also die Einnahmen einschließlich Umsatzsteuer, aller steuerpflichtigen wirtschaftlichen Geschäftsbetriebe insgesamt 35.000 Euro im Jahr nicht übersteigen.

Bei der Prüfung, ob die Besteuerungsgrenze überschritten wird, werden nicht berücksichtigt:

→ Einnahmen im ideellen Bereich, also z.B. Mitgliedsbeiträge und Spenden,
→ Einnahmen aus der steuerfreien Vermögensverwaltung, z.B. Zinseinnahmen, Einnahmen aus der langfristigen Verpachtung von Vereinsvermögen, sowie
→ Einnahmen aus einem Zweckbetrieb.

Der steuerpflichtige wirtschaftliche Geschäftsbetrieb

Geht eine wirtschaftliche Tätigkeit eines Vereins über den Rahmen der Vermögensverwaltung hinaus und erfüllt sie nicht die Voraussetzungen für das Vorliegen eines Zweckbetriebs, liegt insoweit ein steuerpflichtiger wirtschaftlicher Geschäftsbetrieb des Vereins vor. Zu den Einkünften aus steuerpflichtigen wirtschaftlichen Geschäftsbetrieben gehören deshalb alle Erträge, die weder im ideellen Bereich noch im Rahmen der Vermögensverwaltung oder eines Zweckbetriebs anfallen.

Ein Verein kann sich auf mehreren Gebieten wirtschaftlich betätigen. Für Zwecke der Besteuerung werden die Gewinne und Verluste aller einzelnen steuerpflichtigen wirtschaftlichen Tätigkeiten des Vereins zusammengerechnet. Für die Frage der Besteuerung ist wesentlich, ob ein steuerbegünstigter Zweckbetrieb vorliegt oder ob die Aktivität steuerbefreit ist. Es reicht nicht aus, dass die durch die ausgeübte Tätigkeit erzielten Einnahmen nur für die steuerbegünstigten Zwecke verwendet werden. Die Tätigkeit muss in seiner Gesamtrichtung den steuerbegünstigten Zwecken dienen. Reine Mittelbeschaffungsbetriebe stellen daher keinen Zweckbetrieb dar.

Steuerpflichtige wirtschaftliche Geschäftsbetriebe sind beispielsweise:

→ der Verkauf von Speisen und Getränken,

→ der Betrieb von Vereinsgaststätten,

→ gesellige Veranstaltungen, für die Eintrittsgeld erhoben wird (z.B. Sommerfest),

→ die Veranstaltung von Basaren, Flohmärkten und Straßenfesten,

→ die Sammlung und Verwertung von Altmaterialien,

→ der Verkauf von Sportartikeln,

→ Einnahmen durch Werbung in Vereinszeitschriften und Programmheften sowie Sportplatz-, Trikot- oder Gerätewerbung,

→ der Angelkartenverkauf durch Angelvereine an Nichtmitglieder,

→ Basare (auch wenn dort nur gespendete Gegenstände veräußert werden),

→ Faschingsveranstaltungen, bei denen die Tanzveranstaltung im Vordergrund steht,

→ Geschäftsbesorgungen gegen Entgelt,

→ der Pensionsstall eines Reitvereins,

→ Reisen, bei denen die Erholung der Teilnehmer bzw. der touristische Aspekt im Vordergrund steht,

→ die Vermittlung von Versicherungen an Mitglieder.

• •

Achtung

Als wirtschaftliche Betätigungen sind außerdem steuerpflichtig:

• die Ausübung von gemeinnützigen Tätigkeiten, die nicht Satzungszweck des Vereins sind.

• eine Ausweitung der Aktivitäten im Zweckbetrieb ohne unmittelbare Notwendigkeit.

• •

Liegt ein steuerpflichtiger wirtschaftlicher Geschäftsbetrieb vor, bleiben die Vergünstigungen für die anderen Bereiche erhalten. Etwas anderes gilt jedoch, wenn der wirtschaftliche Geschäftsbetrieb in der tatsächlichen Geschäftsführung überwiegt oder das Vereinsleben prägt.

Kapitel 8: Steuerrecht – abschreckend kompliziert?

Im Folgenden wird auf einige wirtschaftliche Aktivitäten und ihre steuerliche Behandlung näher eingegangen.

Wohlfahrtseinrichtungen

Eine Einrichtung der Wohlfahrtspflege ist ein Zweckbetrieb, wenn sie in besonderem Maße hilfsbedürftigen Personen dient. Eine Einrichtung muss mindestens zwei Drittel ihrer Leistungen den bedürftigen Personen zukommen lassen, damit die Tätigkeit als Zweckbetrieb anerkannt wird.

Begünstigte Einrichtungen sind unter anderem:

→ Einrichtungen für Pflegedienstleistungen einschließlich der häuslichen Pflege im Rahmen der Pflegeversicherung,
→ Altentages- oder Altenbegegnungsstätten,
→ arbeitstherapeutische Beschäftigungsgesellschaften,
→ Rettungsdienste und Krankentransporte,
→ Einrichtungen zur Beförderung von behinderten Menschen,
→ Mensa- und Cafeteriabetriebe von Studentenwerken und
→ Ganztagsschulen.

Kultureinrichtungen

Steuerbegünstigt sind außerdem kulturelle Einrichtungen, wie z.B. Museen, Theater, Opernhäuser, und die Durchführung von Veranstaltungen wie z.B. von Konzerten und Kunstausstellungen, wenn es sich dabei um die Erfüllung des Satzungszwecks handelt.

Sportliche Veranstaltungen von Sportvereinen

Sportliche Veranstaltungen eines Sportvereins gelten als Zweckbetrieb, wenn die Einnahmen aus diesen Veranstaltungen im Jahr insgesamt 45.000 Euro nicht übersteigen.

Vereine können sich nach § 67a AO für die Option entscheiden, dass die Durchführung von sportlichen Veranstaltungen ein Zweckbetrieb ist, wenn

1. kein **Sportler des Vereins** teilnimmt, der für seine sportliche Betätigung oder für die Benutzung seiner Person, seines Namens, seines Bildes oder seiner sportlichen Betätigung zu Werbezwecken von dem Verein oder einem Dritten über eine Aufwandsentschädigung hinaus Vergütungen oder andere Vorteile erhält, und
2. kein **anderer Sportler** teilnimmt, der für die Teilnahme an der Veranstaltung von dem Verein oder einem Dritten im Zusammenwirken mit dem Verein über eine Aufwandsentschädigung hinaus Vergütungen oder andere Vorteile erhält.

Eine Sportveranstaltung ist die Organisation eines Vereins, die es aktiven Sportlern – die nicht zwangsläufig Mitglieder des Vereins sein müssen – ermöglicht, Sport zu treiben. Dazu gehören z.B. Spiele, Wettkämpfe, Volksläufe sowie die Erteilung von Sportunterricht und -kursen.

Achtung

Die bloße Nutzungsüberlassung von Sportgegenständen bzw. Sportanlagen ist keine sportliche Veranstaltung.

Sportreisen werden als sportliche Veranstaltungen anerkannt, wenn die sportliche Betätigung wesentlicher und notwendiger Bestandteil der Reise ist (z.B. Reise zum Wettkampfort oder ein Trainingslager). Reisen, bei denen die Erholung der Teilnehmer im Vordergrund steht (Touristikreisen), zählen dagegen auch dann nicht zu den sportlichen Veranstaltungen, wenn im Rahmen der Reise auch Sport betrieben wird.

Der Verkauf von Speisen und Getränken – auch an Wettkampfteilnehmer, Schiedsrichter, Kampfrichter, Sanitäter usw. – und Werbung gehören nicht zu den sportlichen Veranstaltungen. Diese Tätigkeiten sind gesonderte steuerpflichtige wirtschaftliche Geschäftsbetriebe. Die während eines Wettkampfs ohne gesonderte Bezahlung gereichte Verpflegung wird als Teil der Veranstaltungskosten angesehen.

Zu den bei der Prüfung der Zweckbetriebsgrenze zu berücksichtigenden Einnahmen gehören nur die Einnahmen aus der sportlichen Betätigung, z.B. Startgelder, Eintrittsgelder, Zahlungen für Übertragungsrechte, Lehrgangs- und Kursgebühren sowie Ablösezahlungen.

Bezahlte Sportler

Bezahlte Sportler im Sinne des Gemeinnützigkeitsrechts sind zum einen Sportler des Vereins, die für ihre sportliche Betätigung oder als Werbeträger vom Verein oder von Dritten Vergütungen oder andere Vorteile erhalten, die über eine Aufwandsentschädigung hinausgehen. Nach bundeseinheitlichen Verwaltungsanweisungen sind Zuwendungen der Sportvereine an ihre aktiven Sportler bis zu 400 Euro im Durchschnitt pro Monat noch als unschädliche Aufwandsentschädigung anzusehen.

Achtung

Diese typisierende Grenze von 400 Euro gilt nicht bei der Einkommensbesteuerung des Sportlers. Er muss vielmehr alle erhaltenen Einnahmen – auch wenn sie geringer als 400 Euro monatlich sind – in seiner Einkommensteuererklärung angeben. Die Aufwendungen, die ihm im Zusammenhang mit der Sportausübung entstehen, kann er als abzugsfähige Ausgaben gegenrechnen.

Die vorstehende Vereinfachungsregelung der Nichtbeanstandung von 400 Euro monatlich als „bezahlter Sportler" gilt nur für Sportler des Vereins, nicht aber für Zahlungen an vereinsfremde Sportler. Diese Sportler gelten als bezahlte Sportler, wenn sie im Rahmen der Veranstaltung mehr als den nachgewiesenen Aufwand erstattet bekommen.

Im Rahmen einer Leichtathletik-Meisterschaft erhalten die Sieger Geldpreise von je 1.000 Euro. Da diese Preise höher sind als die Reisekosten der Sportler, gelten diese als „bezahlte Sportler". Somit ist diese Leichtathletik-Meisterschaft insgesamt dem wirtschaftlichen Geschäftsbetrieb zuzuordnen.

Überlassung von Sportanlagen oder Sportgeräten

Die Vermietung eines Sportplatzes, einer Turnhalle, von Räumen oder Einrichtungen gehört zur steuerfreien Vermietung von Vereinsvermögen, wenn es sich um eine Dauervermietung handelt und der Verein keine Nebenleistungen übernimmt, die der Vermietung einen gewerblichen Charakter verleihen (z.B. Bereitstellung von Verpflegung, Wachdienste, Reinigung).

Die laufende kurzfristige Vermietung, bei der der Verein für die jederzeitige Benutzbarkeit Sorge zu tragen hat, gilt hingegen als wirtschaftlicher Geschäftsbetrieb.

Die kurzfristige Vermietung von Sportstätten an Vereinsmitglieder für sportliche Zwecke – z.B. Tennisplätze, Schießplätze, Golfanlage, Fluganlagen – stellt einen steuerbegünstigten Zweckbetrieb dar.

Die Überlassung an Nichtmitglieder wird demgegenüber von der Finanzverwaltung als steuerpflichtiger wirtschaftlicher Geschäftsbetrieb angesehen.

Tombola

Die Durchführung einer Tombola zur Unterstützung des Vereinszwecks ist immer eine gute Sache, um die Vereinskasse aufzufüllen. Lose – der Reiz, etwas zu gewinnen – erleichtern den Griff ins Portemonnaie. Wenn es dann kein Gewinn geworden ist, bleibt das angenehme Gefühl, eine gute Sache gefördert zu haben.

Die Einnahmen aus dem Verkauf der Lose sind ertragsteuerfrei, wenn der Überschuss aus der Tombola unmittelbar für begünstigte Zwecke des Vereins verwendet wird. In diesem Fall können die gestifteten Preise als Sachspenden bescheinigt werden.

Wenn die Tombola jedoch der Finanzierung einer geselligen Veranstaltung dient, sind die Einnahmen aus den Losverkäufen wie die Eintrittsgelder als Einnahmen im wirtschaftlichen Geschäftsbetrieb zu erfassen. Den Firmen, die Preise gestiftet haben, dürfen keine Zuwendungsbestätigungen über Sachspenden erteilt werden. Mit Ihrem Dankesschreiben geben Sie dem Unternehmen jedoch einen Nachweis für den Abzug als Betriebsausgabe.

Übrigens: Eine Tombola muss bei der Gemeinde angemeldet werden!

Sponsoring

Unter Sponsoring wird die Gewährung von Geld oder geldwerten Vorteilen durch Unternehmen zur Förderung von Vereinen verstanden, mit der die Unternehmen auch eigene Ziele der Werbung oder Öffentlichkeitsarbeit verfolgen. Motivation ist also nicht nur die Förderung der Vereinsarbeit, sondern auch die Eigendarstellung des Sponsors. Motivationen des Unternehmens für Sponsoringmaßnahmen können sein:

→ die Imagepflege des Unternehmens,
→ die Motivation der eigenen Mitarbeiter,
→ die Möglichkeit der Anknüpfung oder Vertiefung von Kundenkontakten.

Regelmäßig beruhen die Sponsoringmaßnahmen auf einem Vertrag zwischen dem Sponsor (Unternehmen) und dem Empfänger der Leistungen (Verein), in dem die Leistungen beider Seiten geregelt werden.

Beim Unternehmen stellen die Aufwendungen für das Sponsoring Betriebsausgaben dar, wenn es für seine Produkte werben darf oder andere wirtschaftliche Vorteile für sein Unternehmen anstrebt. Solche wirtschaftlichen Vorteile können insbesondere in der Sicherung oder Erhöhung des unternehmerischen Ansehens liegen und werden durch Berichterstattungen in Fernsehen, Rundfunk und Zeitung erreicht.

Abgrenzung: Spenden – Sponsoring

Spenden sind freiwillige und unentgeltliche Zuwendungen von Geld oder Sachen (Wirtschaftsgütern) zur Förderung steuerbegünstigter Zwecke. (Zur steuerlichen Behandlung von Spenden siehe Kapitel 6)

Demgegenüber stellen beim Sponsoring Wirtschaftsunternehmen dem Verein Geld oder geldwerte Vorteile zur Verfügung zur Förderung sportlicher, kultureller, kirchlicher, wissenschaftlicher, sozialer, ökologischer oder ähnlich bedeutsamer gesellschaftspolitischer Bereiche. Daneben werden aber auch eigene unternehmensbezogene Ziele der Werbung oder Öffentlichkeitsarbeit verfolgt.

Steuerrechtliche Behandlung von Sponsoring bei Vereinen

Ob die Sponsoringeinnahmen beim Verein ertragsteuerfrei sind oder ob es sich um körperschaftspflichtige Einnahmen handelt, hängt von der konkreten Gegenleistung des Vereins ab. Dabei kommt es letztlich auf die jeweilige Sachverhalts- bzw. Vertragsgestaltung an.

Aktive Werbung als wirtschaftlicher Geschäftsbetrieb

Wirkt ein Verein durch die Veröffentlichung von Anzeigen, durch das Aufhängen von Werbeplakaten oder die Beflockung auf Sportbekleidung aktiv an den Werbemaßnahmen mit, liegt beim Verein stets ein steuerpflichtiger wirtschaftlicher Geschäftsbetrieb vor.

Bei Sponsoring in Form von Beflockung der Sportkleidung erhält der Verein von einem Unternehmen Wettkampfkleidung, die mit Firmenwerbung versehen ist, zur Verfügung gestellt. Der Verein überlässt die Kleidung seinen Sportlern. Falls die Abteilung die Kleidung durch eigene Kontakte selbst beschafft, liegt dennoch eine Werbemaßnahme durch den Verein vor, weil dieser die Werbung im Rahmen des Sportbetriebs duldet.

Passive Werbung als steuerfreie Vermögensverwaltung

Die Ertragsteuerpflicht der Werbeeinnahmen kann vermieden werden, indem der Verein die Werberechte an eine Agentur langfristig verpachtet. Die entgeltliche Übertragung von Werberechten, wie das Recht zur Nutzung von Werbeflächen auf dem Vereinsgelände oder auf der Homepage des Vereins, wird nach dem Sponsoringerlass als körperschaftsteuerfreie Einnahmen der Vermögensverwaltung zugeordnet. Entsprechendes gilt, wenn der Verein das Verlagsrecht mit Anzeigenteil entgeltlich an einen Verlag überträgt und nicht aktiv am Anzeigengeschäft mitwirkt.

Die Sponsoringleistungen führen außerdem zu steuerfreien Einnahmen im Bereich der Vermögensverwaltung, wenn der Verein dem Sponsor lediglich gestattet, im Rahmen eigener Werbung oder Imagepflege auf die Leistungen an den Verein hinzuweisen. Wenn der Verein auf Plakaten, Veranstaltungshinweisen oder in Ausstellungskatalogen auf die Unterstützung durch einen Sponsor lediglich hinweist, werden die Einnahmen daraus der Vermögensverwaltung zugerechnet. Dieser Hinweis kann unter Verwendung des Namens, Emblems oder Logos des Sponsors, jedoch ohne besondere Hervorhebung, erfolgen.

Achtung

Bei einer Verlinkung auf die Firmenseite des Sponsors ist das Entgelt des Vereins für diese Leistung dem steuerpflichtigen wirtschaftlichen Geschäftsbetrieb zuzuordnen.

Beispiele

Steuerfreies Sponsoring

- In einem Museum wird als Gegenleistung für eine Geldzuwendung ein Saal nach dem Sponsor benannt.
- Das Logo des Sponsors wird auf der Rückseite des Programmheftes abgebildet.
- Das Logo wird auf der Homepage des Vereins ohne Verlinkung abgebildet.

Fahrzeuge mit Unternehmenswerbung

Sponsoren oder Werbefirmen versehen Fahrzeuge wie z.B. Kleinbusse mit Werbung (sogenannte Werbemobile). Die Werbefirma überlässt das Fahrzeug dem Verein zur Nutzung für eine bestimmte Vertragslaufzeit, und der Verein verpflichtet sich im Gegenzug, das Werbemobil bis zum Vertragsende möglichst werbewirksam und häufig zu nutzen sowie die Werbung zu dulden. Für die Gebrauchsüberlassung sind keine Zahlungen an die Werbefirma zu leisten. Der Verein trägt die laufenden Kosten des Fahrzeugs.

Die Lieferung erfolgt im Rahmen eines tauschähnlichen Umsatzes, da das Entgelt in der Werbeleistung besteht, die der Verein mit der Duldung der Anbringung der Werbeflächen auf dem Fahrzeug und dessen werbewirksamen Einsatz an die Werbefirma erbringt. Als Wert der Werbeleistung ist der von der Werbefirma gezahlte Einkaufspreis für das Fahrzeug anzusetzen.

Ist der Verein nicht vertraglich dazu verpflichtet, aktiv an den Werbemaßnahmen mit dem Fahrzeug mitzuwirken, lässt die Finanzverwaltung die Zuordnung zur steuerfreien Vermögensverwaltung zu. Die Einnahmen sind dann mit dem ermäßigten Steuersatz von 7 % zu besteuern. (Ein Beispiel zur Umsatzbesteuerung finden Sie weiter unten).

Verluste im wirtschaftlichen Geschäftsbetrieb

Der Ausgleich von Verlusten eines wirtschaftlichen Geschäftsbetriebs muss bis zum Ende des folgenden Wirtschaftsjahres erfolgen. Frühere Gewinne werden als Ausgleich zugelassen.

Soweit im Falle eines Verlustes in den sechs vorangegangenen Jahren dem ideellen Bereich Gewinne in mindestens gleicher Höhe zugeführt worden sind, liegt keine schädliche Mittelfehlverwendung vor. Insoweit ist der Verlustausgleich im Entstehungsjahr als Rückgabe früherer, durch das Gemeinnützigkeitsrecht vorgeschriebener Abführungen anzusehen.

Die Aufnahme neuer wirtschaftlicher Aktivitäten unterliegt einer verstärkten Überwachungspflicht. Wenn nicht innerhalb von drei Jahren ein positives Ergebnis erwirtschaftet wird, muss der Verein den Betrieb schnellstmöglich einstellen. Der Verein darf Mittel für diesen neuen Betrieb nur einsetzen, wenn nach vernünftiger kaufmännischer Beurteilung (Prognose erforderlich) Verluste nicht zu erwarten sind.

Unschädlich ist die Finanzierung durch für diesen Zweck erhobene Umlagen der Mitglieder und die Verwendung von freien Rücklagen nach § 62 Abs. 1 Nr. 3 AO.

Ermittlung und Höhe der Körperschaft- und Gewerbesteuer

Übersteigen die jährlichen Einnahmen in den wirtschaftlichen Geschäftsbetrieben insgesamt nicht die Freigrenze von 35.000 Euro, wird die Körperschaft- und Gewerbesteuer nicht erhoben. Körperschaft- und Gewerbesteuer werden auf der Grundlage des Gewinns berechnet.

Bei Überschreiten der Einnahmengrenze von 35.000 Euro ist der Gewinn für jeden wirtschaftlichen Geschäftsbetrieb gesondert zu ermitteln. Die Gewinne werden zusammengefasst zum steuerpflichtigen Einkommen. Von diesem Einkommen bleibt ein Freibetrag von 5.000 Euro steuerfrei. Auf den überschießenden Gewinn werden die Körperschaftsteuer mit 15 % zuzüglich 5,5 % Solidaritätszuschlag berechnet.

Beispiel

Einkommen	7.620 €
abzüglich Freibetrag	−5.000 €
zu versteuerndes Einkommen	2.620 €
Körperschaftsteuer	
15 % von 2.620 €	393 €
Solidaritätszuschlag	
5,5 % von 393 €	21 €

Gewerbesteuer fällt nur in den Bereichen an, die auch der Körperschaftsteuer unterliegen. Zur Ermittlung des Gewerbeertrags wird der Gewinn aus dem steuerpflichtigen wirtschaftlichen Geschäftsbetrieb um bestimmte Hinzurechnungen und Kürzungen korrigiert, die hier nicht im Einzelnen vorgestellt werden, da sie für Vereine regelmäßig nicht zu Anwendung kommen. Die Gewerbesteuer wird unmittelbar von der Gemeinde festgesetzt und erhoben und beträgt etwa 15 %.

Gestaltungsmöglichkeiten

Ein Verein mit steuerpflichtigen wirtschaftlichen Geschäftsbetrieben kann sich der Steuerpflicht entziehen, indem er diese an fremde Betreiber und Unternehmer verpachtet. Die Pachteinnahmen sind als ertragsteuerfreie Vermögensverwaltung zu erfassen.

●   **Beispiel**

Nach der Verpachtung der Vereinsgaststätte ist der Pächter Betreiber der Gastronomie und muss die steuerlichen Pflichten als Arbeitgeber und Unternehmer selbst erfüllen. Beim Verein sind nur die Pachteinnahmen zu erfassen. Bei einer Betriebsaufgabeerklärung werden sie der steuerbefreiten Vermögensverwaltung zugeführt.

● ●

Häufig werden auch die Werbemöglichkeiten eines Vereins an eine Agentur verpachtet. In diesem Fall werden der Agentur bestimmte Werbemöglichkeiten wie Bandenwerbung, Veranstaltungsvermarktung, Werbungen auf der Homepage oder in der Vereinszeitschrift überlassen. Die Agentur schließt dann Sponsoringverträge mit Unternehmen und zahlt dem Verein eine erfolgsbezogene Vergütung.

Scheinverträge, bei denen der Agentur keine Gewinnmöglichkeiten verbleiben, werden steuerlich nicht anerkannt.

Pauschale Gewinnermittlung

Bei bestimmten wirtschaftlichen Geschäftsbetrieben kann auf eine gesonderte Gewinnermittlung verzichtet werden. Hier wird der Gewinn auf Antrag in der Höhe von 15 % der Einnahmen pauschal angesetzt. Diese Sonderregelung kann angewandt werden bei Werbeeinnahmen, die im Zusammenhang mit der steuerbegünstigten Tätigkeit einschließlich Zweckbetrieben des Vereins stattfinden (z.B. Trikotwerbung bei Jugend- oder Amateurmannschaften).

Bei Altmaterialsammlungen gilt nachstehende pauschale Gewinnermittlung: Der branchenübliche Reingewinn wird bei der Verwertung von Altpapier mit 5 % und bei der Verwertung von anderem Altmaterial (Altkleider, Lumpen, Schrott) mit 20 % der Einnahmen angesetzt. Die Vereinfachungsregelung gilt nur für Altmaterialsammlungen (Lumpen, Altpapier, Schrott, Glas) und nicht für Verkaufsveranstaltungen (Basare, Flohmärkte usw.) oder den gelegentlichen Gebrauchtwarenhandel von wieder verwendbaren Waren (Secondhand-Waren).

Bei Inanspruchnahme einer Pauschalierung dürfen die im Zusammenhang mit den Einnahmen tatsächlich angefallenen Betriebsausgaben nicht abgesetzt werden.

Umsatzsteuer (Mehrwertsteuer)

Die Begriffe Umsatzsteuer und Mehrwertsteuer werden gleichrangig nebeneinander verwendet. So heißt es zum Beispiel „Umsatzsteuergesetz" und „Mehrwertsteuer-Systemrichtlinie" (europäisches Rahmengesetz).

Die Umsatzsteuer wird auf die Erlöse (Umsätze) eines Vereins erhoben, soweit dieser im Rahmen eines Leistungsaustausches mit Dritten handelt. Der gemeinnützige Verein genießt jedoch steuerliche Privilegien, da viele für Vereine typische Leistungen von der Mehrwertsteuer befreit sind. Andere Bereiche sind dadurch steuerlich begünstigt, dass der Steuersatz der Erlöse von 19 % auf 7 % abgesenkt ist.

Die Staaten der Europäischen Union haben sich auf ein einheitliches Umsatzsteuergesetz verständigt – die Mehrwertsteuer-Systemrichtlinie (MwStSystRL), die jeweils in nationales Recht umgesetzt werden soll. Soweit das deutsche Umsatzsteuerrecht im Widerspruch zur MwStSystRL steht, kann sich der Verein auf das für ihn günstigere Recht beziehen.

Im Folgenden wird erläutert, wann ein Verein umsatzsteuerpflichtig ist.

Kleinunternehmerregelung

Wenn ein Verein nur gelegentlich oder in geringem Umfang Leistungen im unternehmerischen Bereich erbringt, tritt nicht sofort Umsatzsteuerpflicht ein. Wenn die steuerpflichtigen Umsätze im vorangegangenen Kalenderjahr geringer als 17.500 Euro waren und im laufenden Jahr voraussichtlich 50.000 Euro nicht übersteigen werden, gilt der Verein als Kleinunternehmer (§ 19 UStG). Dann wird die Steuer nicht erhoben, sodass seine sämtlichen Einnahmen von der Umsatzsteuer befreit sind.

Ein Verein, dessen Umsätze unterhalb der Grenze von 17.500 Euro liegen, kann jedoch zur Regelbesteuerung optieren. In diesem Fall muss der Verein Umsatzsteuer verlangen und an das Finanzamt abführen, gleichzeitig ist er aber auch vorsteuerabzugsberechtigt. Die Regelbesteuerung kann für den Verein vorteilhaft sein, wenn aus Investitionen oder Anschaffungen im umsatzsteuerpflichtigen Bereich höhere Vorsteuern verrechnet werden können, die zu Umsatzsteuererstattungen führen. Wenn ein Verein zur Regelbesteuerung optiert, muss er diese allerdings für mindestens fünf Jahre anwenden.

Umsatzsteuerliche Bereiche des Vereins

Bei der Frage nach der Umsatzsteuerpflicht von Vereinen wird untersucht, ob ein Leistungsaustauschverhältnis mit Mitgliedern oder mit Nichtmitgliedern vorliegt (wirtschaftliche bzw. unternehmerische Sphäre).

Die Tätigkeit im Kernbereich der Satzungserfüllung ist regelmäßig keine wirtschaftliche Tätigkeit, der Verein finanziert sich mit Spenden, echten Zuschüssen und Mitgliedsbeiträgen. Nach dem deutschen Umsatzsteuerrecht gilt der Bereich, der mit Mitgliedsbeiträgen finanziert wird, als nichtunternehmerisch bzw. nichtwirtschaftlich. Somit wird in diesem Bereich auch keine Umsatzsteuer fällig.

Nach dem Verständnis der europäischen MwStSystRL kann der Mitgliederbereich jedoch zum unternehmerischen Bereich gehören, wenn die Mitglieder ein Recht auf die angebotenen Leistungen haben, so dass ein Leistungsaustausch Vereinsleistung gegen Beitrag angenommen wird.

Beispiel

● ●

Ein Sportverein bietet seinen Mitgliedern sportliche Betätigung in Form von Übungsstunden, Training, Überlassung von Sportanlagen und Wettkampfbetrieb an. Die Mitgliedseinnahmen sind somit das Entgelt für die Leistungen des Vereins und somit umsatzsteuerbar.

(Es greift jedoch regelmäßig die Umsatzsteuerbefreiung nach § 4 Nr. 22 UStG – siehe dazu weiter unten).

● ●

Umsatzsteuerbefreiungen für Vereine

Viele Umsätze, die von gemeinnützigen Vereinen erbracht werden, sind nach § 4 UStG umsatzsteuerbefreit. Die wichtigsten Befreiungen für den Vereinsbereich sind:

→ die Vermietung und Verpachtung von Grundstücken (mit Optionsmöglichkeit) (§ 4 Nr. 12),

→ Leistungen im Gesundheits- und Pflegebereich und Leistungen der Wohlfahrtsverbände (§ 4 Nr. 14 und Nr. 16),

→ die Umsätze von Theatern, Orchestern, Kammermusikensembles, Chören, Museen, botanischen Gärten, zoologischen Gärten, Tierparks, Archiven, Büchereien sowie Denkmälern der Bau- und Gartenbaukunst, wenn die zuständige Landesbehörde bescheinigt, dass sie die gleichen kulturellen Aufgaben wie entsprechende öffentliche Einrichtungen erfüllen (§ 4 Nr. 20),

→ Leistungen von Schulen und berufsbildenden Einrichtungen (§ 4 Nr. 21),

→ Vorträge, Kurse und andere Veranstaltungen wissenschaftlicher oder belehrender Art (§ 4 Nr. 22a),

→ Teilnehmergebühren für kulturelle und sportliche Veranstaltungen (§ 4 Nr. 22b),

→ Leistungen für Kinder und Jugendliche (§ 4 Nr. 25).

Für Aufwendungen im Zusammenhang mit steuerfreien Erlösen ist allerdings auch kein Vorsteuerabzug zulässig (zum Vorsteuerabzug siehe weiter unten).

Mehrwertsteuersätze

Der Regelsteuersatz beträgt 19 %, bei der Lieferung von Lebensmitteln, Büchern und Zeitschriften ermäßigt er sich auf 7 %. Dieser ermäßigte Steuersatz gilt auch für Leistungen von gemeinnützigen Vereinen, sofern die Umsätze nicht steuerbefreit sind.

Umsätze im Rahmen eines wirtschaftlichen Geschäftsbetriebs unterliegen dagegen der Regelbesteuerung. Wenn der Verein seine Gemeinnützigkeit verliert oder sie für einzelne Jahre der Vergangenheit aberkannt bekommt, sind die Umsätze, die bisher begünstigt waren, nachträglich mit dem Regelsteuersatz zu versteuern.

Beim passiven Sponsoring sieht die Finanzverwaltung in der bloßen Nennung des Sponsors – ohne besondere Hervorhebung – keinen steuerpflichtigen Umsatz. Dies betrifft Sachverhalte, in denen der Verein als Empfänger von Zuwendungen aus einem Sponsoringvertrag beispielsweise auf Plakaten, in Veranstaltungshinweisen, in Ausstellungskatalogen oder auf seiner Internetseite auf die Unterstützung durch den Sponsor lediglich hinweist. Auch die Verwendung des Emblems oder Logos des Sponsors, jedoch ohne besondere Hervorhebung oder Verlinkung zu dessen Internetseiten, bleibt umsatzsteuerfrei.

Erbringt der Verein konkrete Werbeleistungen (bspw. Trikot- oder Bandenwerbung oder Anzeigen mit Produktwerbung), unterliegen die Einnahmen daraus dem allgemeinen Steuersatz von 19 %.

Restaurationsleistungen sind mit 19 % zu versteuern. Die Abgabe von Speisen und Getränken zum Verzehr an Ort und Stelle gilt nicht als Lieferung von Speisen, sondern als Sonstige Leistung mit einem Bündel von Leistungselementen, zu denen insbesondere die Möglichkeit, an bereitgestellten Tischen und Stühlen die Speisen zu verzehren, gehören. Sofern beim Verkauf von Würstchen, Pommes u.Ä. nur behelfsmäßige Vorrichtungen vorhanden sind, dienen diese nicht dem Verzehr an Ort und Stelle, so dass die Lieferung von Speisen der Besteuerung zum ermäßigten Steuersatz von 7 % unterliegt.

Entstehung und Berechnung der Umsatzsteuer

Grundsätzlich entsteht die Steuer mit Ablauf des Voranmeldungszeitraums, in dem die Lieferung oder sonstige Leistung ausgeführt worden ist. Lieferungen und Werklieferungen sind ausgeführt, wenn der Leistungsempfänger die Verfügungsmacht über den zu liefernden Gegenstand erlangt, das ist grundsätzlich mit der Übergabe des Gegenstandes der Fall. Sonstige Leistungen und Werkleistungen gelten als im Zeitpunkt ihrer Vollendung ausgeführt. Anzahlungen sind stets im Zeitpunkt ihrer Vereinnahmung zu versteuern.

Die Bemessungsgrundlage für die Berechnung der Umsatzsteuer bildet das Entgelt. Entgelt ist alles, was der Verein erhält, um die Leistung vom Unternehmer zu erhalten, jedoch abzüglich der Umsatzsteuer.

Beispiel

Der Verein berechnet für den Verkauf von Büchern:

Verkaufspreis des Buches	29,00 €
Porto und Verpackung	3,00 €
Rechnungsbetrag	**32,00 €**
Darin enthalten sind 7 % MwSt:	2,09 €
Das Entgelt beträgt somit:	29,91 €
Kontrollrechnung: 29,91 x 7 % = 2,09 € = brutto	32,00 €

Bei einem Tausch besteht die Gegenleistung für eine Lieferung in einer anderen Lieferung, beide Leistungen werden gegeneinander verrechnet. Im Vereinsbereich werden zum Beispiel häufig Werbeleistungen des Vereins mit Sachwerten des Sponsors gegenverrechnet.

Beispiel

Ein Verein erhält von einem Sportartikelhersteller Sportgeräte, deren Katalogpreis 2.500 Euro beträgt. Im Gegenzug verpflichtet sich der Verein, das nächste Sportturnier nach dem Sportartikelhersteller zu benennen und weitere Werbemaßnahmen durchzuführen.

Der Verein erzielt Werbeeinnahmen. Die Bemessungsgrundlage
bemisst sich nach dem Katalog- bzw. Listenpreis der Sportgeräte: 2.500,00 €

Abzüglich der darin enthaltenen Mehrwertsteuer von 19 %: 399,16 €

Entgelt: 2.100,84 €

Der Verein erstellt eine Rechnung an den Sportartikelhersteller
über Werbemaßnahmen: 2.100,84 €

Zuzüglich 19 % MwSt. 399,16 €

2.500,00 €

Vorsteuerabzug

Der Verein kann die in Eingangsrechnungen gesondert ausgewiesenen Umsatzsteuerbeträge als Vorsteuer abziehen, wenn diese Einkäufe bzw. in Anspruch genommenen Leistungen den unternehmerischen Bereich des Vereins betreffen und diese Eingangsleistungen in umsatzsteuerpflichtige Ausgangsumsätze eingehen.

Beispiel

Der Golfclub betreibt einen Shop mit Golfartikeln. Die Verkaufs-
erlöse unterliegen der Umsatzsteuer. Die Vorsteuern aus den
Wareneinkäufen und den Betriebskosten des Ladens können daher in voller Höhe geltend gemacht werden.

Ein Vorsteuerabzug ist dagegen ausgeschlossen, wenn Gegenstände oder Leistungen für den nichtunternehmerischen Bereich (z.B. Sportgeräte für ideelle Vereinszwecke) angeschafft oder wenn mit den bezogenen Gegenständen oder Leistungen steuerfreie Umsätze (z.B. Material für steuerfreie Kurse) ausgeführt werden.

Vorsteuer-Aufteilung

Vorsteuern aus Eingangsleistungen, die sowohl mit steuerpflichtigen als auch mit steuerfreien Umsätzen in wirtschaftlichem Zusammenhang stehen, müssen aufgeteilt werden, und zwar in einen abziehbaren und einen nicht abziehbaren Teil.

Die Aufteilung der Vorsteuern richtet sich allein nach der Verwendung des bezogenen Gegenstands oder der in Anspruch genommenen Leistung und ist grundsätzlich nach dem Prinzip der wirtschaftlichen Zurechnung vorzunehmen. Bei einer gemischten Verwendung kann die Aufteilung im Wege einer sachgerechten Schätzung ermittelt werden.

Beispiel

Ein Sportverein nutzt das Vereinsgebäude zu 60 % für die Gastronomie (steuerpflichtig) und zu 40 % für sonstige Vereinszwecke (steuerfrei). In diesem Fall sind die Vorsteuern aus den allgemeinen Kosten des Gebäudes zu 60 % abzugsfähig.

Vorsteuerpauschalierung

Kleinere Vereine mit einem Umsatz von nicht mehr als 35.000 Euro können nach § 23a UStG ihre abziehbaren Vorsteuern durch Anwendung eines Pauschalsatzes von 7 % auf ihre steuerpflichtigen Umsätze ermitteln.

Bei diesem Verfahren werden die Vorsteuern aus den Eingangsumsätzen nicht gesondert aufgezeichnet. Vielmehr werden die Vorsteuern pauschal in Höhe von 7 % der Summe der Entgelte anerkannt. Dieses Verfahren muss beim Finanzamt beantragt werden und bindet den Verein mindestens für fünf Kalenderjahre.

Beispiel für Umsatzsteuerpauschalierung

Ein Verein erzielt im Jahr folgende steuerpflichtige Umsätze:

Erlöse	Bruttoeinnahmen	Enthaltene USt	Nettoeinnahmen
Eintrittsgelder 7 %	10.000,00	654,21	9.346
Werbung 19 %	12.000,00	1.915,97	10.084
Getränke 19 %	6.000,00	957,98	5.042
Verleih Geräte 7 %	2.000,00	130,83	1.869
	30.000,00	3.658,99	26.341
Pauschalierung Vorsteuer 7 %		1.843,87	
USt.-Zahllast		1.815,12	

Umsatzsteuer-Voranmeldungen

Vereine, die steuerpflichtige Umsätze erzielen, müssen die abzuführende Umsatzsteuer bereits während des Jahres anmelden und an das zuständige Finanzamt abführen. Und zwar hat dies monatlich, wenn die abzuführende Umsatzsteuer mehr als 7.500 Euro jährlich beträgt, ansonsten vierteljährlich zu geschehen.

Steuererklärungen

Für die Überprüfung und Anerkennung der Gemeinnützigkeit sowie für das weitere Besteuerungsverfahren ist das Finanzamt zuständig, in dessen Bezirk sich die Geschäftsleitung des Vereins befindet. Das ist regelmäßig der Ort, an dem die Vorstandssitzungen stattfinden. Bei kleineren Vereinen wird der Ort der Geschäftsleitung häufig mit dem Wohnort des Vereinsvorsitzenden übereinstimmen.

Das Finanzamt hat von Amts wegen die Voraussetzungen der Gemeinnützigkeit zu prüfen und die tatsächlichen Verhältnisse zu ermitteln. Haben sich keine Beanstandungen ergeben, so erteilt das Finanzamt im Veranlagungsverfahren für den überprüften Zeitraum einen Freistellungsbescheid oder bei steuerpflichtigen wirtschaftlichen Aktivitäten einen Körperschaftsteuerbescheid nebst Anlage.

Elektronische Steuererklärungen

Die Übermittlung der Steuererklärungen an das Finanzamt wird kontinuierlich auf eine Übermittlung auf elektronischem Weg umgestellt. Die Finanzverwaltung stellt das kostenfreie Programm **Elster**, mit dem die Steuererklärungen ausgefüllt und übermittelt werden können, zur Verfügung. Auch die Voranmeldungen für Lohnsteuer und Umsatzsteuer sind elektronisch zu übermitteln.

Zur Überprüfung der tatsächlichen Geschäftsführung müssen Sie dem Finanzamt zusammen mit der Steuererklärung weitere Unterlagen vorlegen:

→ Aufstellung der Einnahmen und Ausgaben,
→ Tätigkeitsbericht,
→ Vermögensübersicht,
→ Nachweise über die Bildung und Entwicklung der Rücklagen, sofern Sie welche gebildet haben.

Hinweis

Der Verein muss keinen speziellen Tätigkeitsbericht für das Finanzamt erstellen. Es reicht aus, den gegenüber der Mitgliederversammlung abgegebenen Rechenschaftsbericht in schriftlicher Form beim Finanzamt einzureichen.

Weitere Erläuterungen, Hinweise und Muster erhalten Sie im Internet unter www.elster.de oder über die Homepage des Bundesverbands Deutscher Vereine & Verbände – bdvv.

Kapitel 9

Buchführung und Rechnungs-
legung – Muss das sein?

Buchführung ist das A und O im Vereinsleben. Sobald sich das
Handeln des Vereins finanziell auswirkt, sei es als Einnahme oder als
Ausgabe, muss für die Buchführung ein ordnungsgemäßer Beleg
erstellt oder beigebracht werden.

Müssen Buchführung und Rechnungslegung sein? Ja, aber natürlich! Der Vorstand ist sowohl gegenüber der Mitgliederversammlung als auch gegenüber dem Finanzamt zur ordnungsgemäßen Buchführung sowie zur Rechnungslegung verpflichtet.

Die Buchführung

Über jede Aktivität müssen Aufzeichnungen gemacht werden – diese Aufzeichnungen bilden die Grundlage der Buchführung.

Die Buchführung basiert also auf zwei Grundlagen:

→ Aufzeichnungen (Belege) über Einnahmen und Ausgaben,
→ Zusammenstellung und Ordnung der Geschäftsvorfälle nach sachlichen Gesichtspunkten mithilfe der Buchführung.

Üblicherweise ist der Kassenwart/Schatzmeister des Vereins für die Buchführung verantwortlich. Je nach Größe des Vereins wird er diese selbst erledigen oder er beaufsichtigt die Mitarbeiter in der Geschäftsstelle, die die Buchführung erstellen. Bei größeren Vereinen werden die Buchführungsaufgaben aufgeteilt: Der Kassenwart oder die Mitarbeiter der Geschäftsstelle erledigen die Bank- und Kassengeschäfte und ordnen die anfallenden Belege. Diese werden sodann regelmäßig dem Steuerberater des Vereins zur Erstellung der Buchführung zugeleitet.

Aufzeichnungspflichten

Durch die Erfüllung der Aufzeichnungspflichten erbringt der Vorstand des Vereins den Nachweis, dass die Geschäftsführung auf der Grundlage der Satzung erfolgt und die steuerlichen Bestimmungen beachtet werden. Dies ist in zweierlei Hinsicht von Bedeutung:

Die Anerkennung der Gemeinnützigkeit durch das Finanzamt umfasst die Prüfung der ordnungsgemäßen Aufzeichnungen über sämtliche Einnahmen und Ausgaben. Alle Einnahmen und Ausgaben müssen daher vollständig erfasst werden. Die Aufzeichnungen müssen der Wahrheit entsprechen und so angelegt sein, dass sie von einem sachverständigen Dritten in angemessener Zeit geprüft werden können.

Der Vorstand ist aber auch gegenüber der Mitgliederversammlung (also im Innenverhältnis) verpflichtet, ordnungsgemäße Aufzeichnungen zu tätigen und Rechenschaft abzulegen. Zivilrechtlich besteht die Pflicht, eine geordnete Zusammenstellung der Einnahmen und Ausgaben vorzulegen (§ 259 BGB).

Die Grundsätze der ordnungsgemäßen Buchführung bedeuten insofern, dass die Aufzeichnungen:

→ zeitnah, also laufend erfolgen,
→ vollständig und richtig sein und
→ ausreichend erläutert sein

müssen.

● **Beispiel**

Eine Abrechnung über die Fahrtkosten des Besuchs einer Fortbildungsveranstaltung muss den Tag und den Anlass der Reise und die gefahrenen Kilometer enthalten. Die Vorlage einer Tankrechnung ist kein ausreichender Nachweis für die Entstehung eines Aufwands des Vereins. Eine Erstattung ist somit nicht zulässig.

● ●

Im Zuge der Buchführung müssen die Einnahmen und Ausgaben des Vereins erfasst und nach sachlichen Gesichtspunkten geordnet zusammengefasst und angegeben werden. Grundlage der Buchführung ist somit ein Ordnungsschema (Kontenplan), anhand dessen gleichartige Einnahmen und Ausgaben immer auf die gleiche Weise gebucht werden können. Überlegen Sie, nach welchem Schema die Zahlen für Sie aussagekräftig sind, und stellen Sie den Kontenplan entsprechend auf.

Die Buchführung soll auch verlässliche Zahlen als Grundlage für die Entscheidung des Vorstands und für seine Planungen liefern. Gut aufbereitete Zahlen zeichnen sich insofern auch dadurch aus, dass sie mit denen früherer Vereinsjahre oder mit Zahlen anderer Vereine vergleichbar sind.

Beispiel

Für die Buchung der Reisekosten der Vorstandsmitglieder bieten sich zwei Möglichkeiten an:

- Sie können in der Rubrik „Vorstandstätigkeit" erfasst werden, damit die Gesamtkosten des Vorstands transparent sind.
- Sie können aber auch nach der jeweiligen Veranlassung auf den Konten „Fortbildung", „Verwaltung" oder „Öffentlichkeitsarbeit" gebucht werden.

Der Kontenplan erfüllt einen Teil der Grundsätze ordnungsgemäßer Buchführung, denn er gewährleistet, dass sich ein sachverständiger Dritter (Kassenprüfer, Prüfer des Finanzamts) ohne Schwierigkeiten zurechtfindet und dass bei einem Wechsel des Buchhalters die Buchhaltung kontinuierlich weitergeführt werden kann.

Aufbewahrungsfristen

Die Grundsätze der Ordnungsmäßigkeit der Buchführung wurden bereits angesprochen. Zu diesen Grundsätzen gehört auch die geordnete Aufbewahrung sämtlicher Unterlagen, soweit sie ein Teil der Buchführung sind, für die Dauer von zehn Jahren.

Der Aufbewahrungspflicht für zehn Jahre unterliegen insbesondere:

→ die Belege der Buchführungsunterlagen einschließlich der Grundaufzeichnungen wie die Kassenbücher oder die Summenbons der Registrierkasse der eigenen Gastronomie,

→ die Buchführung selbst einschließlich der Organisationsanweisungen und die daraus entwickelten Jahresabschlüsse und Erläuterungen sowie

→ Kopien der ausgestellten Zuwendungsbestätigungen mit den dazugehörigen Nachweisen bei Sachspenden.

Andere Belege wie den empfangenen oder abgesandten Schriftverkehr müssen Sie für die Dauer von sechs Jahren, beginnend mit dem Ende des Vereinsjahrs, aufbewahren.

Rechnungslegung

Als Vorstand sind Sie verpflichtet, gegenüber der Mitgliederversammlung für das abgelaufene Vereinsjahr Rechenschaft abzulegen (§ 666 i.V.m. § 259 BGB).

Auch das Finanzamt fordert eine jährliche Rechnungslegung in Form einer Einnahmen-Überschuss-Rechnung oder als Jahresabschluss mit Bilanz und Gewinn- und Verlustrechnung.

Rechnungslegung für die Mitglieder

Die wenigsten Mitglieder verstehen die Zahlen der Rechnungslegung auf Anhieb. Daran sollten Sie denken und die Zahlen so verständlich wie möglich präsentieren. Zu viele Detailpositionen führen zu einem „Zahlen-Salat" und damit zu Verwirrung.

Sinnvoll ist eine Zahlendarstellung unter Angabe der entsprechenden Vorjahreszahlen. Falls in Ihrem Verein dem Vorstand ein Haushaltsplan vorgegeben wird, sollten auch diese Zahlen angegeben werden. Ein Haushaltsplan wird zu Beginn des Jahres aufgestellt und gibt dem Vorstand einen Rahmen für die Einnahmen und Ausgaben vor.

• •

Rechnungslegung 2012

	Abschluss 2012	Haushaltsplan 2012	Zum Vergleich: Abschluss 2011
EINNAHMEN			
Mitgliedsbeiträge	25.000,00	23.000,00	22.000,00
Spenden	5.000,00	5.000,00	5.000,00
Sommerfest	4.000,00	3.000,00	3.000,00
Kursgebühren	25.000,00	22.000,00	20.000,00
Sponsoring	10.000,00	5.000,00	5.000,00
Zinsen	500,00	400,00	400,00
	69.500,00	58.400,00	55.400,00

AUSGABEN

Personalkosten Geschäftsstelle	11.480,00	6.000,00	5.800,00
Personalkosten Übungsleiter	31.450,00	23.000,00	21.680,00
Kosten Veranstaltungen	12.600,00	10.900,00	9.800,00
Raumkosten	9.000,00	9.000,00	9.000,00
Beiträge Landesverband	3.000,00	2.900,00	2.850,00
Kosten Vorstand	2.500,00	2.000,00	2.000,00
Sommerfest	600,00	500,00	500,00
Verwaltungskosten	1.800,00	1.600,00	1.400,00
	72.430,00	55.900,00	53.030,00
ÜBERSCHUSS/ VERLUST	- 2.930,00	2.500,00	2.370,00

Diese Tabelle macht deutlich, dass die Zahlen des Rechnungsabschlusses durch den direkten Vergleich mit den Vorjahreszahlen und den Planungszahlen „zu leben" beginnen und so verständlich werden. Wir wollen es in einer kurzen Analyse verdeutlichen:

→ Die Mitgliedsbeiträge des Vereins sind gestiegen, sogar über die Planung hinaus. Bei unveränderter Höhe der Beiträge ist somit die Zahl der Mitglieder gewachsen. Ein Beweis, dass der Verein erfolgreich arbeitet.

→ Die Einnahmen aus der Abhaltung von Kursen sind überproportional um 25 % von 20.000 auf 25.000 Euro gestiegen.

→ Warum ist der Jahresüberschuss bei gestiegenen Einnahmen gesunken? Dieser ist zwar nicht stark gesunken, aber das Ergebnis ist zu hinterfragen – die Zahlen liefern Ihnen die Erklärung:

– Die Mitarbeiter in der Geschäftsstelle hatten durch den Mitgliederzuwachs und das erweiterte Kursangebot mehr zu tun, das führte zu gestiegenen Personalkosten.

– Die Übungsleitervergütungen und die Kosten des Übungsbetriebs stiegen stärker an. Hier sind Sie gefordert zu prüfen, ob die Kostensteigerung eine unumgängliche Folge der zusätzlichen Vereinsangebote war oder ob Sie eine Erhöhung der Kursgebühren oder Mitgliedsbeiträge ins Auge fassen sollten.

Rechnungslegung gegenüber dem Finanzamt

Die Einnahmen und Ausgaben in den unterschiedlichen Vereinsbereichen. Im Ertragssteuerrecht wird der Mitgliederbereich von Vereinen, und zwar auch dann, wenn sie nicht als gemeinnützig anerkannt sind, von der Besteuerung befreit. Demzufolge sind die Vereinsaktivitäten eines nicht gemeinnützigen Vereins zu unterteilen in einen nicht-unternehmerischen Mitgliederbereich und einen unternehmerischen Bereich, soweit der Verein wirtschaftlich tätig wird.

Die Aufteilung der gemeinnützigen Vereine ist weitergehend, weil nicht nur der Mitgliederbereich steuerbefreit ist. Darüber hinaus wird der Bereich der Vermögensverwaltung befreit und die Aktivitäten im Zweckbetrieb. In der Buchführung werden die Vereinsbereiche wie folgt unterteilt:

→ Ideeller Bereich (Einnahmen sind die Mitgliedsbeiträge, Spenden und allgemeinen Zuschüsse; Aufwendungen sind diejenigen Beträge, die mit diesen Einnahmen in Zusammenhang stehen)

→ Vermögensverwaltung (Einnahmen und Ausgaben im Zusammenhang mit der Nutzung und Verwertung des eigenen Vermögens)

→ Wirtschaftlicher Geschäftsbetrieb (Einnahmen, die durch eine selbstständige nachhaltige Tätigkeit, die über den Rahmen einer Vermögensverwaltung hinausgeht, erzielt werden). Steuerbegünstigt sind sogenannte Zweckbetriebe.

Die Aufteilung der Betriebsausgaben

Die Ausgaben des Vereins sind den einzelnen Bereichen zuzuordnen, soweit sie sachlich mit den vorgenannten Einnahmen im Zusammenhang stehen. Ausgaben, die mehreren Bereichen zuzuordnen sind, sind aufzuteilen – gegebenenfalls im Wege einer sachgerechten Schätzung.

In der Regel werden Sie daran interessiert sein, möglichst viele Ausgaben dem wirtschaftlichen Geschäftsbetrieb zuzuordnen, weil Sie damit den Gewinn drücken und die Körperschaft- und Gewerbesteuerbelastung senken können.

Die Finanzverwaltung hat hier jedoch einen Riegel vorgeschoben. Bei sogenannten gemischten Aufwendungen, die verschiedenen Bereichen zuzuordnen sind, ist eine Berücksichtigung bei der Gewinnermittlung des steuerpflichtigen wirtschaftlichen Geschäftsbetriebs nur zulässig, wenn und soweit die Aufwendungen ohne diesen Betrieb nicht oder zumindest nicht in dieser Höhe angefallen wären.

Beispiel

Die Musikschule Wunstorf e.V. verkauft im Rahmen eines Konzerts Getränke. Die Kosten der Veranstaltung wären auch ohne diesen Getränkeverkauf angefallen. Daher werden die Veranstaltungsaufwendungen nicht – auch nicht teilweise – beim Getränkeverkauf abgezogen.

Ein anteiliger Abzug von gemischten Aufwendungen im steuerpflichtigen Bereich kommt jedoch dann in Betracht, wenn sich der auf diesen Bereich entfallende Anteil nach objektiven und sachgerechten Maßstäben ermitteln lässt.

Beispiel

Die Raumpflegerin reinigt sowohl die Geschäftsstelle (ideeller Bereich) als auch die selbst betriebene Vereinsgaststätte (wirtschaftlicher Geschäftsbetrieb). Der Arbeitslohn lässt sich sachgerecht im Verhältnis der anteiligen Arbeitszeit aufteilen. Der anteilige Arbeitslohn ist somit als Betriebsausgabe des steuerpflichtigen Bereichs abzugsfähig.

Die dargestellten Grundsätze gelten auch für die im Folgenden noch gesondert dargestellte Absetzung für Abnutzung.

Absetzung für Abnutzung (AfA)

Die Anschaffungs- oder Herstellungskosten von Wirtschaftsgütern, die im steuerpflichtigen wirtschaftlichen Geschäftsbetrieb genutzt werden und deren Nutzungsdauer mehr als ein Jahr beträgt (z.B. Vereinsgeräte, Fahrzeuge, Gebäude usw.), dürfen bei der Ermittlung der Ausgaben grundsätzlich nicht in vollem Umfang im Jahr der Anschaffung oder Herstellung berücksichtigt werden. Sie sind vielmehr mit einem jährlichen Anteil, der der betriebsgewöhnlichen Nutzungsdauer des Wirtschaftsguts entspricht, anzusetzen, das heißt abzuschreiben (Absetzung für Abnutzung).

Beispiel

Ein gemeinnütziger Verein erwirbt eine PC-Anlage für 1.500 Euro zuzüglich 285 Euro Umsatzsteuer. In der Gewinnermittlung ist die Anschaffung wie folgt zu berücksichtigen:

Umsatzsteuer als Aufwand:	285,00 €
Absetzung für Abnutzung (AfA)	
PC-Anlage:	1.500,00 €
AfA bei Nutzungsdauer 4 Jahre:	375,00 €

Eine Ausnahme gilt für sogenannte geringwertige Wirtschaftsgüter (GWG), deren Anschaffungs- oder Herstellungskosten bei Anschaffung oder Herstellung nicht mehr als 410 Euro betragen. Sie können im Anschaffungsjahr voll abgeschrieben werden. Diese Wirtschaftsgüter sind in einem besonderen Verzeichnis aufzuführen.

Der Verein kann wahlweise bei Wirtschaftsgütern mit Anschaffungskosten von mehr als 150 Euro bis zu 1.000 Euro diese in einen jahresbezogenen Sammelposten einstellen und die Summe mit jährlich 20 % abschreiben.

Beispiel

• •

Die Musikschule Wunstorf schafft mehrere Musikinstrumente im Gesamtwert von 4.000 Euro an, deren Anschaffungskosten jeweils zwischen 150 und 1.000 Euro liegen. Der Sammelposten beträgt 4.000 Euro und wird fünf Jahre lang mit jährlich 800 Euro als Aufwand berücksichtigt.

• •

Die Darstellung der Rechnungslegung nach steuerrechtlichen Maßstäben

Für das Finanzamt müssen Sie die Zahlen den steuerrechtlichen Bereichen zuordnen. Die Rechnungslegung hat nun folgendes Aussehen:

• •

Steuerliche Rechnungslegung 2012

Steuerliche Bereiche		
Ideeller Bereich Einnahmen		
Mitgliedsbeiträge	25.000,00	
Spenden	5.000,00	30.000,00
Ideeller Bereich Ausgaben		
Personalkosten Geschäftsstelle	4.592,00	
Personalkosten Übungsleiter	15.725,00	
Kosten Veranstaltungen	6.300,00	
Raumkosten	3.600,00	
Beiträge Landesverband	3.000,00	
Kosten Vorstand	2.500,00	
Verwaltungskosten	720,00	36.437,00
Ergebnis ideeller Bereich		**- 6.437,00**
Vermögensverwaltung Einnahmen		
Zinsen	500,00	
Sponsoring	5.000,00	5.500,00
Vermögensverwaltung Ausgaben		
Personal-, Raum- und Verwaltungskosten	4.456,00	4.456,00
Ergebnis Vermögensverwaltung		**1.044,00**

Zweckbetrieb Einnahmen		
Kursgebühren	25.000,00	25.000,00
Zweckbetrieb Ausgaben		
Personalkosten Geschäftsstelle	2.296,00	
Personalkosten Übungsleiter	15.725,00	
Kosten Veranstaltungen	6.300,00	
Raumkosten	1.800,00	
Verwaltungskosten	360,00	26.481,00
Ergebnis Zweckbetrieb		-1.481,00
Wirtschaftlicher Geschäftsbetrieb Einnahmen		
Sommerfest	4.000,00	
Sponsoring	5.000,00	9.000,00
Wirtschaftlicher Geschäftsbetrieb Ausgaben		
Personalkosten Geschäftsstelle	2.296,00	
Raumkosten	1.800,00	
Sommerfest	600,00	
Verwaltungskosten	360,00	5.056,00
Ergebnis wirtschaftlicher Geschäftsbetrieb		**3.944,00**

Das Ergebnis des wirtschaftlichen Geschäftsbetriebs unterliegt der Einkommensbesteuerung, sofern die Einnahmen höher sind als 35.000 Euro im Jahr. Im vorliegenden Beispiel betragen die Einnahmen 9.000 Euro, sodass auf eine Besteuerung des Gewinns verzichtet wird (§ 64 Abs. 3 AO). (Näheres zur Besteuerung siehe Kapitel 8).

Mittelverwendungsrechnungen

Im Gemeinnützigkeitsrecht werden zusätzlich neben der vorstehenden beschriebenen steuerlichen Rechnungslegung Nachweise darüber verlangt, dass der Verein alle gesetzlichen Bestimmungen eingehalten hat. Sofern sich die geforderten Angaben nicht aus dem Jahresabschluss ergeben, müssen Sie in Nebenrechnungen aufzeigen, dass Ihre Gelder für den vorgeschriebenen Zweck verwendet worden sind. Diese Mittelverwendungsrechnungen können beinhalten:

→ Erläuterungen zu den Aufteilungen von Ausgaben,

→ einen Nachweis über die Bildung und Auflösung von Rücklagen,

→ einen Nachweis über die Verwendung von Spenden,

→ ein Anlagenverzeichnis über getätigte Anschaffungen und deren Verbleib,

→ einen Nachweis über die Deckung von Verlusten im wirtschaftlichen Geschäftsbetrieb,

→ einen Nachweis über die Verwendung von Investitionsumlagen.

Ein Verstoß gegen die Pflicht, die Mittel zeitnah zu verwenden, hat grundsätzlich den Verlust der Steuerbegünstigung für den betreffenden Veranlagungszeitraum, in dem die unzulässige Ansammlung von Mitteln anhält, zur Folge. Das Finanzamt muss dem Verein aber eine angemessene Frist zur Verwendung für steuerbegünstigte Zwecke setzen.

Rücklagen

Der gemeinnützige Verein muss seine Mittel laufend – sprich: zeitnah – für die satzungsmäßigen Zwecke verwenden. Eine zeitnahe Mittelverwendung liegt vor, wenn Sie die Mittel des Vereins spätestens im folgenden Kalenderjahr für die steuerbegünstigten satzungsmäßigen Zwecke verwenden.

Als zeitnahe Mittelverwendung gilt auch die Anschaffung oder Herstellung von Wirtschaftsgütern, die der Verwirklichung der gemeinnützigen Satzungszwecke dienen.

Beispiel •

Der Musikverein Wunstorf will sein Angebot um eine Bläsergruppe erweitern. Es werden verschiedene Instrumente (Trompete, Tuba, Klarinette) angeschafft.

Die langfristige Nutzung der Instrumente ist kein Widerspruch zur zeitnahen Mittelverwendung, da die Instrumente unmittelbar für die Zweckerfüllung benötigt werden.

• •

In besonders gelagerten Fällen ist es zulässig, die Mittel nicht sofort auszugeben, sondern sie zunächst einer zweckgebundenen Rücklage zuzuführen (§ 62 Abs. 1 Nr. 1 und 2). Voraussetzung für eine solche Rücklagenbildung ist in jedem Fall, dass ohne sie die steuerbegünstigten satzungsmäßigen Zwecke nachhaltig nicht erfüllt werden können. Die Mittel müssen für bestimmte Vorhaben angesammelt werden, für deren Durchführung bereits konkrete Zeitvorstellungen bestehen.

Rücklagen sind unter anderem zulässig für:

→ Ansparungen für größere Anschaffungen, z.B. für die Errichtung, Erweiterung oder Instandsetzung einer Sportanlage,

→ die beabsichtigte Wiederbeschaffung von vorhandenen Wirtschaftsgütern in Höhe der Absetzung für Abnutzungen,

→ die Durchführung einer größeren Veranstaltung,

→ die Ausrichtung eines Feriencamps für Jugendliche.

Zulässige Rücklagen sind darüber hinaus:

→ Das Vorhalten von Liquidität für die Bezahlung des laufenden Vereinsbetriebs (Personalkosten, Raumkosten, Verwaltung) als Betriebsmittelrücklage.

Eine besondere Form der Rücklage wird in § 62 Abs. 1 Nr. 3 AO zugelassen. Zur dauerhaften Finanzierung der Vereinsarbeit dürfen Sie Überschüsse in einem bestimmten Umfang in eine freie Rücklage einstellen.

Die Höhe der Zuführung dürfen Sie wie folgt ausschöpfen:

→ Ein Drittel der Überschüsse aus Vermögensverwaltung,

→ zehn Prozent der Überschüsse aus dem Zweckbetrieb und

→ aus dem wirtschaftlichen Geschäftsbetrieb,

→ zehn Prozent der Überschüsse des ideellen Bereichs.

Die Bildung von Rücklagen ist spätestens innerhalb von zwei Jahren vorzunehmen. Sobald der Grund für eine Rücklagenbildung entfallen ist, sind die freigewordenen Mittel für die Satzungszwecke zu verwenden.

Nachstehend ein Beispiel für die Darstellung der Rücklagenentwicklung:

Beispiel einer Rücklagen-Darstellung

	Stand 1.1.2002	Verbrauch 02	Auflösung/ Zuführung 02	Stand 31.12.02
Freie Rücklage	12.000,00	0,00	+ 3.000,00	15.000,00
Sanierung Vereinshaus	22.000,00	0,00	+ 5.000,00	27.000,00
100 Jahre Jubiläum	15.000,00	15.000,00		0,00
Anschaffungen Verwaltung			- 500,00	
	1.500,00	1.000,00	+ 2.000,00	2.000,00
Betriebsmittel	10.000,00			10.000,00
			- 500,00	
	60.500,00	16.000,00	10.000,00	54.000,00

• •

Die Bildung und Verwendung der Mittel für die Rücklagen sind dem Finanzamt im Einzelnen zu erläutern.

Werden in dem vorgenannten Zeitraum von zwei Jahren die zulässigen Höchstbeträge für die Bildung einer freien Rücklage nicht ausgeschöpft, ist eine spätere Nachholung nicht mehr zulässig. Die Freie Rücklage braucht während des Bestehens des Vereins nicht aufgelöst zu werden.

Kapitel 10
Haftung im Verein und Vermeidungsstrategien

Das Thema Haftung wird bei vielen Vorständen geradezu verdrängt. Da sowohl der Verein als auch der Vorstand des Vereins in Haftung genommen werden können, sollten Sie dieses Thema aktiv angehen. Nur so können Sie eine Haftung vermeiden.

Der Gesetzgeber geht zunächst von einer grundsätzlichen Haftung des Vereins aus (§ 31 BGB). Dieser wird in Anspruch genommen, wenn jemand im Rahmen der Vereinstätigkeit zu Schaden kommt.

Darüber hinaus können aber auch Mitglieder des Vorstands haften, wenn sie grob fahrlässig oder sogar vorsätzlich handeln. Die Mitglieder des Vereins haften grundsätzlich nicht.

Haftungsgefahren

Auch wenn die persönliche Haftung des Vorstands oder eines Mitglieds gesetzlich eingeschränkt ist, kann die Inanspruchnahme des Vereins drohen, wenn ein Schadensfall eintritt. Bei der Verursachung eines Schadens aus vorsätzlichem oder grob fahrlässigem Handeln haftet der Vorstand persönlich neben dem Verein. Überdies kann in diesen Fällen der Verein Regress nehmen.

Im Vereinsbereich gibt es keine typischen Haftungsgefahren. Die häufigsten Haftungsfälle entstehen aus der unachtsamen Amtsausübung des Vorstands. Auf welcher Grundlage der Verein oder der Vorstand in Anspruch genommen werden, ergibt sich häufig aus der Eigenart des Vereins. Bei einem Sportverein bestehen andere Risiken als bei einem Gesangsverein.

Es ist wichtig, dass Sie Ihren Verein und seine Aktivitäten genau kennen. Stellen Sie sich folgende Fragen:

→ Welche Aktivitäten übt der Verein aus?
→ Nutzen wir ein Vereinsheim oder eine Sportstätte?
→ Beschäftigt der Verein Arbeitnehmer?
→ Beauftragen wir andere Unternehmer?
→ Veranstalten wir Vereinsfeste?

Schon bei der Beantwortung dieser Fragen wird klar, wo Gefahren lauern können.

Gesetzliche Grundlagen

Warum Sie oder Ihr Verein überhaupt für einen Schaden aufkommen müssen, ergibt sich aus § 823 BGB:

> ## § 823 BGB (Schadensersatzpflicht)
> (1) Wer vorsätzlich oder fahrlässig das Leben, den Körper, die Gesundheit, die Freiheit, das Eigentum oder ein sonstiges Recht eines anderen widerrechtlich verletzt, ist dem anderen zum Ersatz des daraus entstehenden Schadens verpflichtet.
> (...)

Der Verein ist rechtlich gesehen eine juristische Person. Da er nur durch seine Organe, den Vorstand, handeln kann, sieht das Gesetz in § 31 BGB vor, dass eine Schadensverursachung des Vorstands dem Verein zugerechnet wird. Er ist dann hierfür verantwortlich.

> ## § 31 BGB (Haftung des Vereins für Organe)
> Der Verein ist für den Schaden verantwortlich, den der Vorstand, ein Mitglied des Vorstands oder ein anderer verfassungsmäßig berufener Vertreter durch eine in Ausführung der ihm zustehenden Verrichtungen begangene, zum Schadensersatz verpflichtende Handlung einem Dritten zufügt.

Beispiel

Der Verein Musikschule Wunstorf e.V. ist Eigentümer einer Immobilie, welche für Musikunterricht und Konzerte genutzt wird. Erforderliche Instandsetzungsarbeiten müssen durch den Vorstand beauftragt werden, was er jedoch aus Unachtsamkeit unterlässt. Wenn sich nun jemand dort verletzt, kann er sich an den Verein wenden.

Auch wenn der Wortlaut der Vorschrift nur den Vorstand oder einen anderen verfassungsmäßig berufenen Vertreter benennt, ist diese Regelung durch die Rechtsprechung erheblich ausgeweitet worden.

Der Verein kann für das Handeln der folgenden Personen verantwortlich gemacht werden:

→ **Vorstand:** Gemeint ist nur der geschäftsführende Vorstand nach § 26 BGB. Hierbei handelt es sich um die Vorstandsmitglieder, welche im Vereinsregister eingetragen sind.

→ **Besondere Vertreter:** Neben dem Vorstand kann die Satzung auch andere ermächtigen, für ihn zu handeln. Sofern ein sogenannter besonderer Vertreter bestellt wurde, ist der Verein auch für sein Handeln verantwortlich. Häufig werden durch Vereine Geschäftsführer bestellt, welche besondere Vertreter nach § 30 BGB sind. Diese werden auch im Vereinsregister eingetragen.

→ **Sonstige Vertreter:** Die Rechtsprechung lässt es für eine Inanspruchnahme des Vereins auch genügen, dass dem Vertreter eine Funktion zur selbstständigen und eigenverantwortlichen Erfüllung zugewiesen wurde und er so den Verein repräsentiert. Es ist somit erforderlich, dass der Verein einer (oder mehreren) Person(en) eine bestimmte Aufgabe zuweist. Diese Zuweisung kann durch einen Beschluss des Vorstands oder der Mitgliederversammlung erfolgen.

Beispiel

Der Vorsitzende des Organisationsausschusses für die Durchführung eines sportlichen Wettkampfs wird als verantwortlicher Vereinsrepräsentant angesehen, auch wenn er kein Vorstandsmitglied ist.

Der Schadensfall

Nicht jedes Ereignis führt dazu, dass der Verein in Anspruch genommen werden kann. Der Schaden muss in Ausführung der Vereinstätigkeit passiert sein.

So muss beispielsweise der Vorsitzende gerade als Vorsitzender und nicht als Privatperson den Schaden verursacht haben.

Hierbei kann auch ein „Unterlassen" ausreichend sein, wenn für den Verein eine Pflicht zum Handeln bestand. Dies wird häufig bei Verkehrssicherungspflichten der Fall sein. Verkehrssicherungspflichten bestehen dann, wenn eine Gefahrenquelle geschaffen oder unterhalten wird. Hat beispielsweise Ihr Verein ein eigenes Vereinsheim, muss dieses verkehrssicher sein; kein Besucher darf sich verletzen. Das fängt bei einer Schneeräumpflicht an und hört bei einem rutschigen Boden noch lange nicht auf.

Der dem Verein obliegende Aufgabenbereich muss so organisiert werden, dass eine Überwachung und Beaufsichtigung gewährleistet ist, sodass keine Gefahren von ihr ausgehen.

Beispiel

Im Rahmen einer Leichtathletikveranstaltung müssen Sie sicherstellen, dass ein Diskus nicht in den Zuschauerbereich fliegen kann.

Der Vorstand muss dafür Sorge tragen, dass alle wichtigen Bereiche betreut werden und dass die betreffenden Personen sorgfältig ausgewählt, angeleitet und überwacht werden. Bei einer Unterlassung wird ein Organisationsmangel angenommen, für welchen der Verein verantwortlich ist.

Haftung für Verrichtungsgehilfen

Ihr Verein kann auch in Anspruch genommen werden, wenn nicht ein Vorstandsmitglied, sondern eine andere Person bei ihrer Tätigkeit für den Verein einen Schaden verursacht hat (§ 831 BGB). Das Gesetzt spricht hier von einem Verrichtungsgehilfen.

Beispiel

Der Platzwart beschädigt mit dem Rasenmäher beim Rangieren ein abgestelltes Fahrrad.

Der Verein wird jedoch nicht in Anspruch genommen, wenn er darlegen kann, dass er bei der Auswahl der handelnden Person die „im Verkehr erforderliche Sorgfalt" beachtet hat. Im vorliegenden Beispiel haftet der Verein also nicht, wenn er bei der Einstellung des Platzwartes darauf geachtet hat, dass er die erforderlichen Kenntnisse für seine Tätigkeit hat.

Die Haftung von Organmitgliedern und besonderen Vertretern

Die Mitglieder von Vereinsorganen oder besondere Vertreter haften, wenn sie ihre Pflichten nicht oder schlecht erfüllen. Das heißt, wenn sie bei ihrer Tätigkeit Fehler begehen, entweder vorsätzlich oder grob fahrlässig.

Haftungsbeschränkung für ehrenamtlich tätige Organmitglieder und besondere Vertreter

Häufig hört man, dass Vorstände von Vereinen oder andere Mitglieder von Vereinsorganen nicht haften würden, da sie nur ehrenamtlich tätig sind. Dies ist ein Irrglaube: Auch der ehrenamtlich Tätige haftet mit seinem Privatvermögen. Jedoch sind ehrenamtlich tätige Organmitglieder und besondere Vertreter bei leicht fahrlässig begangenen Pflichtverletzungen gesetzlich geschützt.

Voraussetzung für diese Haftungserleichterung ist, dass die Organmitglieder oder der besondere Vertreter ehrenamtlich tätig sind oder maximal 720 Euro für ihre Tätigkeit erhalten.

Auszug aus dem BGB:

> ## § 31a BGB (Haftung von Organmitgliedern und besonderen Vertretern)
>
> (1) Sind Organmitglieder oder besondere Vertreter unentgeltlich tätig oder erhalten sie für ihre Tätigkeit eine Vergütung, die 720 Euro jährlich nicht übersteigt, haften sie dem Verein für einen bei der Wahrnehmung ihrer Pflichten verursachten Schaden nur bei Vorliegen von Vorsatz oder grober Fahrlässigkeit. Satz 1 gilt auch für die Haftung gegenüber den Mitgliedern des Vereins. Ist streitig, ob ein Organmitglied oder ein besonderer Vertreter einen Schaden vorsätzlich oder grob fahrlässig verursacht hat, trägt der Verein oder das Vereinsmitglied die Beweislast.
>
> (2) Sind Organmitglieder oder besondere Vertreter nach Absatz 1 Satz 1 einem anderen zum Ersatz eines Schadens verpflichtet, den sie bei der Wahrnehmung ihrer Pflichten verursacht haben, so können sie von dem Verein die Befreiung von der Verbindlichkeit verlangen. Satz 1 gilt nicht, wenn der Schaden vorsätzlich oder grob fahrlässig verursacht wurde.

→ Diese Haftungsbeschränkung greift nicht bei einem vorsätzlich oder grob fahrlässig verursachten Schaden.

→ Ein vorsätzliches Handeln liegt vor, wenn der Vorstand den Schaden vorausgesehen hat und diesen auch so verwirklichen wollte („Wissen und Wollen").

Beispiel

Der Vorstand zahlt die Steuern und Sozialversicherungsabgaben für die Arbeitnehmer des Vereins nicht, sondern verwendet die Gelder für andere Zwecke.

→ Eine grobe Fahrlässigkeit liegt vor, wenn die im Verkehr erforderliche Sorgfalt in besonders schwerem Maße verletzt wurde. Wenn man „Das darf nicht vorkommen" sagen kann, liegt eine grobe Fahrlässigkeit vor.

Beispiel

Der Vorstand eines Radrennvereins versäumt bei der Durchführung eines Rennens für eine ausreichende Zahl von Streckenposten zu sorgen, sodass Fußgänger auf die Strecke laufen und verletzt werden.

Die Entlastung des Vorstands

Eine große Bedeutung im Bereich der Haftung hat die Entlastung des Vorstands.

Wenn der Vorstand durch die Mitgliederversammlung entlastet wird, ist in der erteilten Entlastung ein Verzicht auf die Geltendmachung von Ansprüchen gegenüber dem Vorstand zu sehen. Die Entlastung kann durch die Mitgliederversammlung jedoch nur wirksam erteilt werden, wenn alle erforderlichen Unterlagen vollständig vorgelegen haben und die Mitgliederversammlung nicht getäuscht wurde.

Bei der Entlastung darf der Vorstand nicht mit abstimmen. Er hat grundsätzlich keinen Anspruch auf Erteilung der Entlastung durch die Mitgliederversammlung.

Tipp

Der Vorstand sollte die Mitgliederversammlung immer umfangreich über seine Tätigkeit informieren und die Zustimmung der Mitgliederversammlung zu einzelnen Vorhaben einholen. Dann erstreckt sich die Entlastungswirkung auch auf diese Tätigkeiten.

Haftungsvermeidungsstrategien für den Vorstand

Eine Haftung wird nicht eintreten, wenn der Vorstand sein Amt gewissenhaft ausübt. Schon vor der Wahl in ein Vorstandsamt sollte man sich daher fragen, ob man die Zeit und die Fähigkeiten für das Amt mitbringt. Nach der Wahl muss sich der Vorstand einen Überblick verschaffen, wie der Vorgänger gearbeitet hat und ob aus dessen Zeit noch Dinge zu beachten sind. Neue Vorstandsmitglieder sollten sich nicht scheuen, entsprechende Fragen zu stellen.

Während der Amtszeit gibt es weitere Möglichkeiten, eine Haftung zu vermeiden:

→ Sachkundige Hilfe: Es wird immer wieder Situationen geben, welche man nicht einschätzen oder meistern kann. Am besten konsultiert man in diesen Fällen einen Steuerberater oder Rechtsanwalt. Auch Verbände wie der Bundesverband Deutscher Vereine geben gerne Hilfestellungen. Auch die zuständigen Behörden, wie beispielsweise das Finanzamt, kann man um Rat bitten.

→ Fortbildung: Gerade das Vereins- und das Steuerrecht sind komplexe Rechtsgebiete, welche nur schwer zu überblicken sind. Vorstandsmitglieder sollten sich daher fortbilden und Fachseminare besuchen. Im Internet finden sich preisgünstige Anbieter von vereinsrechtlichen Seminaren, wie etwa das Bildungsnetzwerk Verein und Ehrenamt (www.bnve.de).

→ Ressortaufteilung: Eine Ressortaufteilung (siehe Kapitel 3) kann ebenfalls zu einer Haftungserleichterung führen. In diesem Fall beschränkt sich die Verantwortlichkeit grundsätzlich nur auf den vom jeweiligen Vorstandsmitglied zu verantwortenden Bereich. Voraussetzung ist, dass die Ressortaufteilung
   – schriftlich festgelegt wird und
   – eine klare und verständliche Aufgabenzuweisung umfasst.

Hinweis

Eine Ressortaufteilung entbindet Vorstandsmitglieder nicht davon, ihre Vorstandskollegen in einem gewissen Maße zu überwachen. Sie sollten sich daher regelmäßigen die Unterlagen vorlegen lassen.

Die Haftung der Mitglieder

Mitglieder können nur haften, wenn sie selbst einen Schaden verursacht haben.

Beispiel

Ein Mitglied des Vereins versucht das Dach des Vereinsheims zu reparieren. Aus Unachtsamkeit entsteht bei den Dachdeckarbeiten ein Feuer; das Vereinsheim brennt ab.

Haftungserleichterung für Mitglieder

Auch Vereinsmitglieder ohne ein satzungsmäßiges Amt werden unter bestimmten Voraussetzungen vor einer Haftungsinanspruchnahme geschützt. Hier ein Auszug aus dem BGB:

---

§ 31b BGB (Haftung von Vereinsmitgliedern)

(1) Sind Vereinsmitglieder unentgeltlich für den Verein tätig oder erhalten sie für ihre Tätigkeit eine Vergütung, die 720 Euro jährlich nicht übersteigt, haften sie dem Verein für einen Schaden, den sie bei der Wahrnehmung der ihnen übertragenen satzungsgemäßen Vereinsaufgaben verursachen, nur bei Vorliegen von Vorsatz oder grober Fahrlässigkeit. § 31a Absatz 1 Satz 3 ist entsprechend anzuwenden.

(2) Sind Vereinsmitglieder nach Absatz 1 einem anderen zum Ersatz eines Schadens verpflichtet, den sie bei der Wahrnehmung der ihnen übertragenen satzungsgemäßen Vereinsaufgaben verursacht haben, so können sie vom Verein die Befreiung von der Verbindlichkeit verlangen. Satz 1 gilt nicht, wenn die Vereinsmitglieder den Schaden vorsätzlich oder grob fahrlässig verursacht haben.

Hier gelten dieselben Voraussetzungen wie bei der Organhaftung (§ 31a BGB).

Versicherungsschutz

Häufig wird der Versicherungsschutz bei Vereinen vernachlässigt. Im Hinblick auf die Haftungsgefahren ist dies nicht nachvollziehbar, da je nach Umfang ein Schadensfall schnell mehrere tausend Euro kosten kann. Auch wenn ein Vorstandsmitglied eine private Haftpflichtversicherung besitzt, tritt diese für „Vereinsschäden" nicht ein.

Der Versicherer ist auch nicht zur Leistung verpflichtet, wenn vorsätzlich und widerrechtlich ein Schaden herbeigeführt wurde. Wurde der Versicherungsfall grob fahrlässig herbeigeführt, ist der Versicherer berechtigt, seine Leistung in einem der Schwere des Verschuldens des Versicherungsnehmers entsprechenden Verhältnis zu kürzen.

Lassen Sie sich beraten und verschiedene Angebote vorlegen. Wie die Satzung eines Vereins sollte auch die Versicherung „maßgeschneidert" sein. Vor dem Abschluss einer Versicherung müssen Sie abwägen, ob die Höhe der Versicherungsprämien in einem vertretbaren Verhältnis zum Versicherungsschutz steht.

Vermögensschadenhaftpflichtversicherung

Für den Vorstand kann eine Vermögensschadenshaftpflichtversicherung (Directors-and-Officers-Versicherung, „D&O") abgeschlossen werden. Sie schützt den Vorstand vor den finanziellen Folgen der persönlichen Haftung gegenüber dem eigenen Verein (Innenhaftung) und gegenüber Ansprüchen Dritter (Außenhaftung).

Unfallversicherung

Ehrenamtlich Tätige sind bei der Vereinsarbeit selbst körperlichen Gefahren ausgesetzt. Sie können einen Unfall erleiden und sich verletzen.

In einigen Bereichen – z.B. in der Jugendarbeit – gewährt die gesetzliche Unfallversicherung (Berufsgenossenschaft) Versicherungsschutz. Jedoch ist nicht jede Tätigkeit über die gesetzliche Unfallversicherung abgesichert. Das Bundesministerium für Arbeit und Soziales hat eine Broschüre (*„Zu Ihrer Sicherheit – Unfallversichert im freiwilligen Engagement"*) herausgegeben, die einen Überblick liefert, welche Tätigkeiten im Verein gesetzlich abgesichert sind.

Sollte die gesetzliche Unfallversicherung für einen Schaden nicht zuständig sein, können sich Ehrenamtliche bei der Verwaltungsberufsgenossenschaft freiwillig versichern lassen. Der Beitragssatz für die freiwillig Versicherten im Ehrenamt beträgt 2,73 Euro je versicherte Person und Jahr.

Wir empfehlen jedem Verein, ihre Vorstandsmitglieder und andere engagierte Vereinsmitglieder angesichts des wirklich günstigen Jahresbeitrags von 2,73 Euro bei der Berufsgenossenschaft anzumelden.

Rechtsschutzversicherung

Auch ein Rechtsstreit kann schnell teuer werden; insbesondere wenn ein Verein auch Arbeitgeber ist. Hier kann eine Rechtsschutzversicherung die finanziellen Risiken mindern. Beachten Sie jedoch, dass Rechtsschutzversicherungen vereinsinterne Streitigkeiten üblicherweise nicht abdecken.

Hinweis

Auf der Homepage des bdvv können Sie eine ausführliche Checkliste abrufen, auf der Sie den Versicherungsbedarf abklären können.

Kapitel 11

Streit im Verein

Wie in jeder Beziehung kann es auch im Verein zu Streitigkeiten kommen. Diese können entweder zwischen den Mitgliedern untereinander oder zwischen den Mitgliedern und dem Vorstand oder anderen Organen wie dem Gesamtvorstand oder einem Beirat des Vereins aufkommen.

Um das Vereinsleben nicht nachhaltig zu stören, sollte der Vorstand aus eigenem Antrieb auf Streitigkeiten reagieren. Wenn ein Mitglied gegen die Vereinsinteressen verstößt, kann sich auch die Erforderlichkeit einer Vereinsstrafe ergeben, die in drastischen Fällen sogar den Ausschluss eines Mitglieds zur Folge haben kann.

Streitschlichtung

Streitigkeiten bringen Unruhe in das Vereinsleben und sollten daher schnell beigelegt werden. Nach Möglichkeit wird ein Streit intern beigelegt. Entweder wirkt der Vorstand hier vermittelnd oder die Satzung sieht einen Schlichtungsausschuss vor.

Satzungsregelung für einen Schlichtungsausschuss

§ ... Schlichtungsausschuss

Zur Beilegung vereinsinterner Streitigkeiten wird ein Schlichtungsausschuss eingerichtet.

Der Schlichtungsausschuss setzt sich zusammen aus dem Vorsitzenden und zwei Beisitzern, welche durch die Antragsteller benannt werden. Der Vorsitzende wird durch die Mitgliederversammlung für die Dauer von drei Jahren gewählt; eine Wiederwahl ist zulässig. Der Vorsitzende bleibt bis zu einer Neuwahl im Amt. Er darf dem Vorstand nicht angehören.

Der Schlichtungsausschuss wird nur auf schriftlichen Antrag der beiden Parteien tätig. Dabei soll der Streitpunkt bereits benannt werden.

Nach Eingang des Antrags wird innerhalb von vier Wochen eine Sitzung anberaumt. Im Rahmen der Sitzung hat der Vorsitzende auf eine gütliche Einigung hinzuwirken.

Kommt eine gütliche Einigung nicht zustande, so entscheidet der Schlichtungsausschuss durch Beschluss.

Der Beschluss ist schriftlich zu fassen und zu begründen. Die Entscheidung ist den Beteiligten zuzustellen.

Überlegen Sie vor der Einrichtung von zusätzlichen Institutionen aber genau, ob überhaupt ein entsprechender Bedarf besteht. Zu viele Organe und Einrichtungen hemmen den Vereinsbetrieb eher, als dass sie helfen.

Wenn Sie als Vorstand einen Streit nicht lösen können, sollten Sie die Einschaltung eines Mediators erwägen. Ein Mediator ist eine unabhängige und neutrale Person ohne Entscheidungsbefugnis, die die Beteiligten im Wege der Mediation zu einer möglichen Streitschlichtung führt. Durch den Entwurf des Mediationsgesetzes wird dieses Verfahren nunmehr auch Einzug in das deutsche Rechtssystem finden.

●●●●●●●●●●●●●●●●●●●●●●●●●●●●●●●●●●●●

Fragen und Antworten rund um das Mediationsverfahren sowie Ansprechpartner finden Sie im Internet auf der Homepage des Bundesverbandes Mediation (http://www.bmev.de/).

●●●

Vereinsstrafen und Ausschluss aus dem Verein

Sie werden im Verein auch Situationen erleben, die nicht geschlichtet, sondern geahndet werden müssen. Wenn etwa ein Mitglied gegen die Vereinsinteressen verstößt, kann dies eine Vereinsstrafe erforderlich machen.

Verstöße gegen die Satzung oder die Vereinsordnung durch Mitglieder des Vereins müssen Sie nicht hinnehmen. Die Satzung sollte entsprechende disziplinarische Handlungsinstrumente vorsehen, um solche Verstöße zu ahnden.

Gesetzliche Grundlagen für derartige Konsequenzen gibt es nicht, so dass Sie frei bei der Bestimmung eines „Kataloges" sind, allerdings sind hierbei einige Grundsätze wie die Angemessenheit der Strafe zu beachten. Mögliche Strafen sind:

→ eine Abmahnung,
→ eine Rüge oder ein Verweis,
→ Geldstrafen,

→ ein Verbot der Nutzung von Vereinseinrichtungen,

→ ein vorübergehender Entzug des Stimmrechtes,

→ ein Ausschluss aus dem Verein.

Unabhängig davon, welche Vereinsstrafen Sie für Ihren Verein vorsehen möchten, ist immer eine Satzungsgrundlage erforderlich. Sie können keine Vereinsstrafe gegen ein Mitglied aussprechen, die in der Satzung nicht vorgesehen ist.

Satzungsregelung für Vereinsstrafen

§ ... Vereinsstrafen

Verstöße gegen die Satzung des Vereins oder die bestehenden Vereinsordnungen sowie vereinsschädigendes Verhalten können mit einer Vereinsstrafe geahndet werden.
Je nach der Schwere des Verstoßes kann auf folgende Vereinsstrafen erkannt werden:

- Rüge,
- Entzug des Stimmrechtes auf der Mitgliederversammlung,
- Geldstrafe
  Die Höhe der Geldstrafe bestimmt sich nach der Schwere des Verstoßes. Sie darf jedoch 100,00 € nicht übersteigen.
- Ausschluss aus dem Verein.

(...)

Verfahren und Zuständigkeit

Das Verfahren für Vereinsstrafen ist in der Satzung zu regeln. Für die Verhängung von Vereinsstrafen sollte der Vorstand zuständig sein. Er hat die Kompetenz und die Autorität, den Verstoß einzuschätzen und die Strafe durchzusetzen. Die Zuständigkeit kann aber auch auf ein anders Organ übertragen werden, etwa auf ein Ehrengericht.

Ehrengericht

Einige Vereine haben ein „Ehrengericht" installiert. Dieses Gremium kann entweder für die Verhängung von Strafen, aber auch als vereinsinterne Berufungsinstanz zuständig sein.

Satzungsregelung für ein Ehrengericht

§ ... Ehrengericht

Das Ehrengericht ist zuständig für die Verhängung von Vereinsstrafen.
Es wird auf Antrag des Vorstands tätig. Anträge seitens der Mitglieder sind über den Vorstand an das Ehrengericht zu richten. Der Vorstand hat in diesem Fall eine Stellungnahme abzugeben.
Das Ehrengericht setzt sich aus dem Vorsitzenden und zwei Beisitzern zusammen. Die Mitglieder des Ehrengerichtes werden durch die Mitgliederversammlung für die Dauer von drei Jahren gewählt; eine Wiederwahl ist zulässig. Die Mitglieder des Ehrengerichtes bleiben bis zu einer Neuwahl im Amt.
Die Mitglieder des Ehrengerichtes dürfen dem Vorstand nicht angehören.
Der Antrag auf Verhängung einer Vereinsstrafe ist schriftlich mit Begründung in vierfacher Ausfertigung an den Vorsitzenden des Ehrengerichtes zu stellen.
Nach Eingang des Antrags wird dem Betroffenen die Möglichkeit zur Stellungnahme gegeben. Eine Vertretung durch einen Rechtsanwalt ist möglich.
Über den Antrag ist in einer mündlichen Verhandlung unter Beteiligung des Antragstellers und des Betroffenen zu entscheiden.
Die Entscheidung ist schriftlich zu fassen und zu begründen. Die Entscheidung ist den Beteiligten zuzustellen.
Die Erstattung der anfallenden Kosten richtet sich nach den Vorschriften der Zivilprozessordnung (ZPO).

Was ist ein Schiedsgericht?

Unter einem Schiedsgericht versteht man ein unabhängiges Gremium. Bei der Besetzung des Schiedsgerichtes darf der Verein keinen Einfluss haben, da ansonsten die Unabhängigkeit nicht gewährleistet ist.

Schiedsgerichte bestehen häufig bei übergeordneten Verbänden.

Wenn Ihr Verein keinem Verband angehört, wäre es ausreichend, wenn Sie ein Ehrengericht oder einen Schlichtungsausschuss erst bei Bedarf einrichten.

Üblicherweise benennt jede Seite ein Mitglied des Schiedsgerichts und diese einigen sich auf einen neutralen Vorsitzenden.

Das Verfahren für Vereinsstrafen

In der Satzung muss nicht nur das zuständige Gremium für Vereinsstrafen benannt sein, es muss auch das Verfahren genau geregelt werden. Dabei müssen folgende Fragen geregelt sein:

→ Wie wird ein Vereinsstrafverfahren in Gang gesetzt?
→ Welche Fristen sollen gelten?
→ Welche Formvorschriften müssen eingehalten werden?
→ Kann das betroffene Mitglied einen Anwalt oder einen sonstigen Beistand beauftragen?

Tipp

Regeln Sie das Verfahren genau! So haben Sie die Sicherheit, dass auch der rechtlich unerfahrene Vorstand eine „Handlungsanweisung" für solche Fälle hat.

Satzungsregelung für Verfahren zur Verhängung von Vereinsstrafen

§ ... Vereinsstrafen

(...)

Der Antrag auf Verhängung einer Vereinsstrafe kann schriftlich an den Vorstand gerichtet werden. Er ist zu begründen. Bei der Begründung sind die wesentlichen Umstände, aus welchen sich der Verstoß ergibt, darzustellen.

Dem betroffenen Mitglied ist vor der Beschlussfassung rechtliches Gehör zu gewähren.

Sämtliche Eingaben in dem Verfahren sind schriftlich zu erheben.

Das betroffene Mitglied kann sich in dem Verfahren eines (rechtlichen) Beistandes bedienen.

Wenn die Verhängung einer Vereinsstrafe beantragt worden ist, muss der Vorstand den Betroffenen zunächst zu den Vorwürfen anhören. Eine Anhörung ist zwingend erforderlich, auch wenn diese in der Satzung nicht vorgesehen ist! Der Grundsatz der Gewährung „rechtlichen Gehörs" ist ein unabdingbarer Grundsatz, welcher auch im Vereinsrecht gilt. Die Anhörung ist somit eine zwingende Voraussetzung für einen wirksamen Beschluss. Der Betroffene muss sich jedoch nicht äußern.

Wenn der Vorstand der Auffassung ist, dass ihm alle wesentlichen Informationen vorliegen, kann er eine Entscheidung treffen. Wenn tatsächlich ein Verstoß vorliegt, kann auf eine Vereinsstrafe erkannt werden. Bei der Entscheidung müssen jedoch einige Grundsätze beachtet werden. Die Maßnahme

→ muss verhältnismäßig sein,
→ darf nicht willkürlich oder grob unbillig sein,
→ darf nicht gegen den Gleichheitsgrundsatz verstoßen und
→ muss eine satzungsmäßige Grundlage haben.

Eine Strafe ist grob unbillig, wenn sie zu dem gemachten Vorwurf nicht im Verhältnis steht.

Das unentschuldigte Fehlen bei der Chorprobe wird mit einer Geldstrafe von 500 Euro geahndet. Die Höhe dieser Strafe steht in keinem vernünftigen Verhältnis zum Verstoß und ist daher rechtswidrig.

Auch im Vereinsrecht gilt der Gleichbehandlungsgrundsatz. Gleichartige Verstöße müssen auch gleichartig geahndet werden. Es darf nicht sein, dass bestimmte Mitglieder anderen gegenüber bevorzugt oder benachteiligt werden.

Voraussetzung für eine wirksame Vereinsstrafe ist außerdem, dass dem Betroffenen die Verhängung der Strafe schriftlich mitgeteilt wird und auch begründet wird. Eine fehlende Begründung führt bei einer gerichtlichen Überprüfung dazu, dass das Gericht die Nichtigkeit feststellt.

Überprüfung der Strafe

Der Betroffene kann die Verhängung der Vereinsstrafe überprüfen lassen. Die Berufungsinstanz ergibt sich aus der Satzung. Die Satzung kann eine vereinsinterne Überprüfung (beispielsweise durch die Mitgliederversammlung) vorsehen. Zwingend ist dies jedoch nicht.

Satzungsregelung zur Überprüfung von Vereinsstrafen

§ ... Vereinsstrafen

(...)

Die Verhängung einer Vereinsstrafe erfolgt durch Beschluss des Vorstands. Er ist schriftlich zu begründen und dem Betroffenen bekanntzugeben.

Das betroffene Mitglied kann gegen den Beschluss die Mitgliederversammlung anrufen. Diese entscheidet abschließend.

Wenn kein vereinsinternes Rechtsmittel vorgesehen ist, kann das Mitglied durch ein Gericht die Rechtmäßigkeit überprüfen lassen.

Der „Rechtsweg" kann **nicht** ausgeschlossen werden. Solche Regelungen finden sich zwar immer wieder in Satzungen, diese sind aber nicht wirksam.

Zuständig für die rechtliche Überprüfung ist das Amtsgericht am Sitz des Vereins.

Vor dem Amtsgericht besteht kein Anwaltszwang, sodass Sie den Verein als Vorstand selbst vertreten können.

Grundlage des gerichtlichen Verfahrens ist der Beschluss des Vorstands (und gegebenenfalls der bestätigende Beschluss der Mitgliederversammlung). Dem Gericht liegen in einem solchen Fall die Protokolle der entsprechenden Sitzungen vor, daher sollte auf eine sorgfältige Protokollführung geachtet werden!

Der Prüfungsmaßstab des Gerichtes ist aufgrund des Grundsatzes der Vereinsautonomie eingeschränkt. Das Gericht prüft, ob

→ das Verfahren der Satzung entsprochen hat,
→ die verhängte Strafe unverhältnismäßig ist,
→ die verhängte Strafe grob unbillig oder willkürlich ist oder
→ ein Verstoß gegen den Gleichbehandlungsgrundsatz vorliegt.

Kapitel 12

Beendigung des Vereins

Das Ende eines Vereins ist immer eine ernste Angelegenheit. Zum einen ist es wenig erfreulich, wenn das gemeinsame Projekt sich nicht fortsetzen lässt, und zum anderen sind einige rechtliche Hürden zu überwinden.

Die Notwendigkeit zur Auflösung des Vereins kann sich aus verschiedenen Gründen ergeben. Oft ist es das mangelnde Interesse der Mitglieder und der damit in Verbindung stehende Mitgliederschwund oder aber auch die dauerhaft fehlende Bereitschaft der Mitglieder, ein Vorstandsamt zu übernehmen.

Auflösung durch Mitgliederbeschluss

Die Auflösung des Vereins sollte immer der letzte Ausweg sein. Gerade bei der schwierigen Frage der Vorstandsbesetzung sollte nicht sofort bei der ersten negativen Vorstandswahl die Auflösung des Vereins in Betracht gezogen werden.

Rechtliche Rahmenbedingungen

Die gesetzliche Regelung zur Auflösung des Vereins liefert § 41 BGB. Danach *„kann der Verein durch Beschluss der Mitgliederversammlung aufgelöst werden. Zu dem Beschluss ist eine Mehrheit von drei Vierteln der abgegebenen Stimmen erforderlich, wenn die Satzung nicht ein anderes bestimmt“.*

Die Satzung sollte eine Regelung zur Auflösung des Vereins enthalten. In dieser können schon die erforderlichen Formalien und Schritte festgelegt sein. Durch eine Satzungsregelung können auch bestimmte Hürden aufgestellt werden, um eine leichtfertige Auflösung des Vereins zu verhindern.

Satzungsregelung zur Auflösung des Vereins

§ ... Auflösung des Vereins

1. Der Verein kann durch Beschluss der Mitgliederversammlung aufgelöst werden. Für den Beschluss ist eine Drei-Viertel-Mehrheit der abgegebenen Stimmen erforderlich.
2. Der Beschluss kann nur auf einer ordentlichen Mitgliederversammlung gefasst werden.

Verfahren

Wenn ein Antrag auf Auflösung des Vereins auf der Tagesordnung steht, sind zwingend die vorgeschriebenen Formalien zu beachten. Nur ein wirksam gefasster Beschluss kann zur Auflösung führen.

Somit ist es erforderlich, dass bei der Einladung zu der Mitgliederversammlung der Tagesordnungspunkt „Auflösung des Vereins" enthalten ist. Darüber hinaus sind alle Mitglieder des Vereins einzuladen. Wenn die Satzung bestimmte Mehrheitserfordernisse vorsieht, dann müssen diese auch erreicht werden. (Siehe zur ordnungsgemäßen Beschlussfassung Kapitel 4)

Die Abwicklung des Vereins

Mit dem Auflösungsbeschluss ist der Verein jedoch noch nicht endgültig aufgelöst. Der Verein wird in der Regel noch Forderungen (beispielsweise gegen Mitglieder) und Verbindlichkeiten haben.

Die Realisierung dieser Positionen ist die Aufgabe des Liquidators. Nach § 48 BGB erfolgt die Liquidation des Vereins durch den Vorstand. Die Mitgliederversammlung kann auch einen oder mehrere Liquidatoren bestellen, falls der Vorstand nicht bereit ist, diese Aufgabe zu übernehmen. Wenn dies nicht möglich ist, besteht noch die Möglichkeit, einen „Notliquidator" zu bestellen.

Die Aufgabe der Liquidatoren besteht darin,

→ die laufenden Geschäfte zu beenden,
→ die Forderungen einzuziehen,
→ das übrige Vermögen in Geld umzusetzen,
→ die Gläubiger zu befriedigen und
→ den Überschuss an die Anfallberechtigten weiterzugeben.

Wenn mehrere Liquidatoren bestellt sind, handeln diese grundsätzlich gemeinsam, auch Beschlüsse können nur einstimmig gefasst werden (§ 48 Abs. 3 BGB). Die Satzung kann hiervon jedoch abweichen.

Satzungsregelung zur Liquidation

§ ... Auflösung des Vereins

(...)

Die Liquidation erfolgt durch den Vorstand. Bei der Beschlussfassung entscheidet die Mehrheit der abgegebenen Stimmen.

Bekanntgabe der Auflösung

Die Auflösung des Vereins ist durch die Liquidatoren öffentlich bekanntzumachen. Die Bekanntmachung erfolgt durch das in der Satzung für Veröffentlichungen bestimmte Blatt (§ 50 BGB).

Die wenigsten Vereine haben in der Satzung ein „für Veröffentlichungen bestimmtes Blatt". In diesem Fall sieht § 50a BGB vor, dass *„Bekanntmachungen des Vereins in dem Blatt zu veröffentlichen sind, welches für Bekanntmachungen des Amtsgerichts bestimmt ist, in dessen Bezirk der Verein seinen Sitz hat".* Um welches Blatt es sich hierbei handelt, können Sie bei Ihrem zuständigen Amtsgericht erfragen.

In der Bekanntmachung fordern Sie die Gläubiger auf, ihre Ansprüche anzumelden.

Mitteilung

Der Verein Musikschule Wunstorf e. V. ist durch Beschluss der Mitgliederversammlung vom TTMMJJJJ aufgelöst worden. Zum Liquidator wurde der Vorsitzende des Vorstands, Hans Mustermann, Musterstraße 1 in 12345 Musterstadt, bestimmt. Gläubiger werden gebeten, ihre Ansprüche bei dem Liquidator anzumelden.

Wenn die Gläubiger des Vereins bekannt sind, sind diese mit einem gesonderten Schreiben zu informieren.

Sehr geehrte Frau Meier,
hiermit dürfen wir Sie darüber informieren, dass der Verein Musikschule Wunstorf e. V. durch Beschluss der Mitgliederversammlung vom TTMMJJJJ aufgelöst worden ist.

Ich wurde zum Liquidator bestimmt.

Aus den vorliegenden Unterlagen habe ich gesehen, dass Sie am TTMMJJJJ eine Rechnung über zehn Querflöten i. H. v. 100,00 € gestellt haben.

Sofern diese Rechnung noch nicht beglichen sein sollte, darf ich Sie bitten, mich entsprechend zu informieren und Ihre Forderung anzumelden.

Mit freundlichen Grüßen

Hans Mustermann

H. Mustermann
Liquidator des Vereins Musikschule Wunstorf e. V.

Neben der allgemeinen Bekanntmachung der Auflösung des Vereins sind die Auflösung und die Liquidatoren sowie ihre Vertretungsmacht im Vereinsregister einzutragen. Diese Anmeldung hat der Vorstand vorzunehmen, auch spätere Änderungen der Liquidatoren oder ihrer Vertretungsmacht sind dem Registergericht anzuzeigen.

Teilweise kann sich die Notwendigkeit ergeben, dass laufende Geschäfte oder der Vereinsbetrieb fortgeführt werden. Wenn beispielsweise das Vereinsheim renoviert wird, macht es keinen Sinn, diese Arbeiten mit dem Auflösungsbeschluss zu beenden.

Um den Vereinsbetrieb bis zum Abschluss der Liquidation fortzuführen, sollte durch die Mitgliederversammlung ein entsprechender Beschluss gefasst werden.

Realisierung des Vermögens

Im Rahmen der Liquidation haben die Liquidatoren das Vereinsvermögen zu veräußern, die Forderungen zu realisieren und die Gläubiger zu befriedigen.

Haftung des Liquidators

Der Liquidator hat die rechtliche Stellung eines Vorstands, dementsprechend sieht das Gesetz auch eine Haftung für ihn vor, wenn er seinen Aufgaben nicht pflichtgemäß nachkommt.

Tipp

Holen Sie sich frühzeitig fachkundigen Rat bei einem Steuerberater oder Rechtsanwalt, um eine Haftung zu vermeiden.

Näheres zum Thema „Haftung" finden Sie in Kapitel 12.

Abschluss der Liquidation

Das Gesetz sieht ein Sperrjahr vor, vor dessen Ablauf das verbliebene Vermögen nicht verteilt werden darf (§ 51 BGB). Das Sperrjahr beginnt mit der Bekanntmachung der Auflösung des Vereins. Nach dem Ablauf des Sperrjahres müssen die Liquidatoren der Mitgliederversammlung über die Liquidation Rechenschaft ablegen. Es muss also dargestellt werden, welche Forderungen eingezogen und welche Verbindlichkeiten beglichen wurden.

Wenn sich ein bekannter Gläubiger nicht meldet, muss der Liquidator dieses Geld bei dem zuständigen Amtsgericht hinterlegen. Die Hinterlegung wird durch einen Vordruck angemeldet; diesen erhalten Sie bei Ihrem zuständigen Amtsgericht.

Hinweis

Eine Hinterlegung ist nach § 372 BGB bei *„Geld, Wertpapieren und sonstigen Urkunden sowie Kostbarkeiten"* möglich.

Sollte das verbliebene Vermögen nicht ausreichen, um alle Gläubiger zu befriedigen, kann sich auch die Erforderlichkeit eines Insolvenzverfahrens ergeben.

Wer erhält das Vereinsvermögen?

Sofern nach Abschluss der Liquidation noch ein Vermögen vorhanden ist, stellt sich die Frage, wer dieses Vermögen erhält. Hierbei ist zu unterscheiden, ob es sich um einen gemeinnützigen Verein handelt oder nicht.

Nach dem Grundsatz der Vermögensbindung (§ 55 Abs. 1 Nr. 4 AO) darf das Vermögen eines gemeinnützigen Vereins bei der Auflösung nur für steuerbegünstigte Zwecke verwendet werden. Näheres finden Sie im Kapitel 2 dieses Ratgebers.

Bei Vereinen, die als gemeinnützig anerkannt sind, kommt es entscheidend auf die Satzungsregelung an, an wen das verbleibende Vermögen verteilt wird.

Die Satzung kann ausdrücklich eine Person bestimmen, welcher das verbleibende Vermögen zufällt. Hier können durch die Satzung auch Vorgaben hinsichtlich der Verwendung gemacht werden.

Satzungsregelung für Vereinsvermögen

§ ... Auflösung des Vereins

(...)

Im Falle der Auflösung fällt das Vermögen an die Stadt Wunstorf, welche das Vermögen für kulturelle Zwecke zu verwenden hat.

Wenn eine solche Regelung fehlt und der Verein nicht als gemeinnützig anerkannt ist, fällt das Vermögen an die zur Zeit der Auflösung vorhandenen Mitglieder zu gleichen Teilen, wenn der Verein nach der Satzung ausschließlich den Interessen seiner Mitglieder diente.

Die Mitgliederversammlung kann aber auch den Beschluss fassen, dass das Vermögen einer öffentlichen Stiftung oder Anstalt anfällt.

Mit dem Abschluss der Verteilung endet auch das Amt der Liquidatoren. Der Verein wird im Vereinsregister gelöscht.

Insolvenz des Vereins

Auch ein Verein kann „pleite gehen". Wie bei anderen Gesellschaftsformen sieht das Gesetz hier ein Insolvenzverfahren vor.

Die zu beachtenden Regelungen ergeben sich aus der Insolvenzordnung (InsO). Danach kann die Eröffnung eines Insolvenzverfahrens beantragt werden, wenn einer der folgenden Gründe vorliegt:

→ drohende Zahlungsunfähigkeit (§ 18 InsO),
→ Zahlungsunfähigkeit (§ 17 InsO) oder
→ Überschuldung (§ 19 InsO).

Eine Zahlungsunfähigkeit liegt vor, wenn der Verein nicht in der Lage ist, seine bestehenden Zahlungsverpflichtungen zu erfüllen, wenn sie fällig sind. Eine Zahlungsunfähigkeit wird in aller Regel angenommen, wenn der Verein seine Zahlungen eingestellt hat.

Eine Zahlungsunfähigkeit droht, wenn der Verein voraussichtlich nicht in der Lage sein wird, seinen finanziellen Verpflichtungen nachzukommen.

Von einer Zahlungsunfähigkeit ist regelmäßig auszugehen, wenn eine Liquiditätslücke von 10 % oder mehr besteht und nicht mit an Sicherheit grenzender Wahrscheinlichkeit zu erwarten ist, dass diese Liquiditätslücke innerhalb von drei Wochen beseitigt werden kann.

Tipp

Behalten Sie die finanziellen Verpflichtungen des Vereins im Auge! Wenn absehbar ist, dass Sie die fälligen Rechnungen nicht fristgerecht begleichen können, sprechen Sie die Gläubiger an und vereinbaren Sie Stundungen.

Eine Überschuldung liegt vor, wenn das Vermögen des Vereins die bestehenden Verbindlichkeiten nicht mehr deckt. Ein Verein muss zunächst seine Vermögensgegenstände veräußern, um die bestehenden Schulden zu begleichen. Sollte dieser Erlös nicht ausreichen, ist von einer Überschuldung auszugehen.

Das Insolvenzverfahren

Die Eröffnung eines Insolvenzverfahrens ist nur auf schriftlichen Antrag möglich. Antragsberechtigt sind:

→ der Vorstand als Vertreter des Vereins und
→ die Gläubiger des Vereins.

Im Fall der Zahlungsunfähigkeit oder der Überschuldung **muss** der Vorstand die Eröffnung des Insolvenzverfahrens beantragen. Wenn nur eine drohende Zahlungsunfähigkeit absehbar ist, hat er ein Antragsrecht.

Die Mitgliederversammlung kann den Vorstand nicht wirksam anweisen, einen Antrag auf Eröffnung des Insolvenzverfahrens nicht zu stellen. Hier besteht nach dem Gesetz eine alleinige Verantwortung des Vorstands.

Wird die Antragstellung verzögert, so sind die Vorstandsmitglieder, denen ein Verschulden zur Last fällt, den Gläubigern für den daraus entstehenden Schaden verantwortlich; sie haften als Gesamtschuldner (§ 42 Abs. 2 BGB). (Näheres zur Haftung des Vorstands siehe Kapitel 10)

Behalten Sie immer die finanzielle Lage des Vereins im Auge! Auch wenn Sie als Vorstandsmitglied aufgrund einer Ressortaufteilung nicht dafür zuständig sind, haften Sie im Fall der „Insolvenzverschleppung"!

Holen Sie sich frühzeitig fachkundigen Rat bei einem Steuerberater oder einem Rechtsanwalt, um eine Haftung zu vermeiden.

• •

Nach Eingang des Antrags prüft das Gericht, ob die Voraussetzungen für ein Insolvenzverfahren gegeben sind.

Mit dem Eröffnungsbeschluss benennt das Gericht einen Insolvenzverwalter. Dieser erlangt die Verwaltungs- und Verfügungsbefugnis über das zur Insolvenzmasse gehörende Vermögen.

Die Bestellung eines Insolvenzverwalters führt nicht dazu, dass der Vorstand des Vereins ganz aus der Verantwortung entlassen wird. Der Vorstand bleibt für die Führung des Vereins grundsätzlich verantwortlich; lediglich für den finanziellen Bereich ist nunmehr der Insolvenzverwalter zuständig.

Anhang

Auszug aus dem Bürgerlichen Gesetzbuch (BGB)

§ 21 Nicht wirtschaftlicher Verein

Ein Verein, dessen Zweck nicht auf einen wirtschaftlichen Geschäftsbetrieb gerichtet ist, erlangt Rechtsfähigkeit durch Eintragung in das Vereinsregister des zuständigen Amtsgerichts.

§ 22 Wirtschaftlicher Verein[1]

Ein Verein, dessen Zweck auf einen wirtschaftlichen Geschäftsbetrieb gerichtet ist, erlangt in Ermangelung besonderer bundesgesetzlicher Vorschriften Rechtsfähigkeit durch staatliche Verleihung. Die Verleihung steht dem Land zu, in dessen Gebiet der Verein seinen Sitz hat.

§ 24 Sitz

Als Sitz eines Vereins gilt, wenn nicht ein anderes bestimmt ist, der Ort, an welchem die Verwaltung geführt wird.

§ 25 Verfassung

Die Verfassung eines rechtsfähigen Vereins wird, soweit sie nicht auf den nachfolgenden Vorschriften beruht, durch die Vereinssatzung bestimmt.

§ 26 Vorstand und Vertretung

(1) Der Verein muss einen Vorstand haben. Der Vorstand vertritt den Verein gerichtlich und außergerichtlich; er hat die Stellung eines gesetzlichen Vertreters. Der Umfang der Vertretungsmacht kann durch die Satzung mit Wirkung gegen Dritte beschränkt werden.

(2) Besteht der Vorstand aus mehreren Personen, so wird der Verein durch die Mehrheit der Vorstandsmitglieder vertreten.

(Satz 1 kann in der Satzung anders gefasst werden!)

Ist eine Willenserklärung gegenüber einem Verein abzugeben, so genügt die Abgabe gegenüber einem Mitglied des Vorstands.

§ 27 Bestellung und Geschäftsführung des Vorstands

(1) Die Bestellung des Vorstands erfolgt durch Beschluss der Mitgliederversammlung.

(Absatz 1 kann in der Satzung anders gefasst werden!)

(2) Die Bestellung ist jederzeit widerruflich, unbeschadet des Anspruchs auf die vertragsmäßige Vergütung. Die Widerruflichkeit kann durch die Satzung auf den Fall beschränkt werden, dass ein wichtiger Grund für den Widerruf vorliegt; ein solcher Grund ist insbesondere grobe Pflichtverletzung oder Unfähigkeit zur ordnungsmäßigen Geschäftsführung.

(3) Auf die Geschäftsführung des Vorstands finden die für den Auftrag geltenden Vorschriften der §§ 664 bis 670 entsprechende Anwendung. Die Mitglieder des Vorstands sind unentgeltlich tätig.

(Absatz 3 kann in der Satzung anders gefasst werden!)

§ 28 Beschlussfassung des Vorstands

Bei einem Vorstand, der aus mehreren Personen besteht, erfolgt die Beschlussfassung nach den für die Beschlüsse der Mitglieder des Vereins geltenden Vorschriften der §§ 32 und 34.

(§ 28 kann in der Satzung anders gefasst werden!)

§ 31 Haftung des Vereins für Organe

Der Verein ist für den Schaden verantwortlich, den der Vorstand, ein Mitglied des Vorstands oder ein anderer verfassungsmäßig berufener Vertreter durch eine in Ausführung der ihm zustehenden Verrichtungen begangene, zum Schadensersatz verpflichtende Handlung einem Dritten zufügt.

§ 31a Haftung von Organmitgliedern und besonderen Vertretern

(1) Sind Organmitglieder oder besondere Vertreter unentgeltlich tätig oder erhalten sie für ihre Tätigkeit eine Vergütung, die 720 Euro jährlich nicht übersteigt, haften sie dem Verein für einen bei der Wahrnehmung ihrer Pflichten verursachten Schaden nur bei Vorliegen von Vorsatz oder grober Fahrlässigkeit.

Satz 1 gilt auch für die Haftung gegenüber den Mitgliedern des Vereins. Ist streitig, ob ein Organmitglied oder ein besonderer Vertreter einen Schaden vorsätzlich oder grob fahrlässig verursacht hat, trägt der Verein oder das Vereinsmitglied die Beweislast.

(Satz 2 kann in der Satzung anders gefasst werden!)

(2) Sind Organmitglieder oder besondere Vertreter nach Absatz 1 Satz 1 einem anderen zum Ersatz eines Schadens verpflichtet, den sie bei der Wahrnehmung ihrer Pflichten verursacht haben, so können sie von dem Verein die Befreiung von der Verbindlichkeit verlangen. Satz 1 gilt nicht, wenn der Schaden vorsätzlich oder grob fahrlässig verursacht wurde.

§ 31b Haftung von Vereinsmitgliedern

(1) Sind Vereinsmitglieder unentgeltlich für den Verein tätig oder erhalten sie für ihre Tätigkeit eine Vergütung, die 720 Euro jährlich nicht übersteigt, haften sie dem Verein für einen Schaden, den sie bei der Wahrnehmung der ihnen übertragenen satzungsgemäßen Vereinsaufgaben verursachen, nur bei Vorliegen von Vorsatz oder grober Fahrlässigkeit. § 31a Absatz 1 Satz 3 ist entsprechend anzuwenden.

(2) Sind Vereinsmitglieder nach Absatz 1 einem anderen zum Ersatz eines Schadens verpflichtet, den sie bei der Wahrnehmung der ihnen übertragenen satzungsgemäßen Vereinsaufgaben verursacht haben, so können sie von dem Verein die Befreiung von der Verbindlichkeit verlangen. Satz 1 gilt nicht, wenn die Vereinsmitglieder den Schaden vorsätzlich oder grob fahrlässig verursacht haben.

§ 32 Mitgliederversammlung; Beschlussfassung

(1) Die Angelegenheiten des Vereins werden, soweit sie nicht von dem Vorstand oder einem anderen Vereinsorgan zu besorgen sind, durch Beschlussfassung in einer Versammlung der Mitglieder geordnet. Zur Gültigkeit des Beschlusses ist erforderlich, dass der Gegenstand bei der Berufung bezeichnet wird. Bei der Beschlussfassung entscheidet die Mehrheit der abgegebenen Stimmen.

(2) Auch ohne Versammlung der Mitglieder ist ein Beschluss gültig, wenn alle Mitglieder ihre Zustimmung zu dem Beschluss schriftlich erklären.

(§ 32 kann in der Satzung anders gefasst werden!)

§ 33 Satzungsänderung

(1) Zu einem Beschluss, der eine Änderung der Satzung enthält, ist eine Mehrheit von drei Vierteln der abgegebenen Stimmen erforderlich. Zur Änderung des Zweckes des Vereins ist die Zustimmung aller Mitglieder erforderlich; die Zustimmung der nicht erschienenen Mitglieder muss schriftlich erfolgen.

(§ 33 kann in der Satzung anders gefasst werden!)

§ 34 Ausschluss vom Stimmrecht

Ein Mitglied ist nicht stimmberechtigt, wenn die Beschlussfassung die Vornahme eines Rechtsgeschäfts mit ihm oder die Einleitung oder Erledigung eines Rechtsstreits zwischen ihm und dem Verein betrifft.

(§ 34 kann niemals geändert werden!)

§ 36 Berufung der Mitgliederversammlung

Die Mitgliederversammlung ist in den durch die Satzung bestimmten Fällen sowie dann zu berufen, wenn das Interesse des Vereins es erfordert.

§ 37 Berufung auf Verlangen einer Minderheit

(1) Die Mitgliederversammlung ist zu berufen, wenn der durch die Satzung bestimmte Teil oder in Ermangelung einer Bestimmung der zehnte Teil der Mitglieder die Berufung schriftlich unter Angabe des Zweckes und der Gründe verlangt.

(2) Wird dem Verlangen nicht entsprochen, so kann das Amtsgericht die Mitglieder, die das Verlangen gestellt haben, zur Berufung der Versammlung ermächtigen; es kann Anordnungen über die Führung des Vorsitzes in der Versammlung treffen. Zuständig ist das Amtsgericht, das für den Bezirk, in dem der Verein seinen Sitz hat, das Vereinsregister führt. Auf die Ermächtigung muss bei der Berufung der Versammlung Bezug genommen werden.

§ 38 Mitgliedschaft

Die Mitgliedschaft ist nicht übertragbar und nicht vererblich. Die Ausübung der Mitgliedschaftsrechte kann nicht einem anderen überlassen werden.

(§ 38 kann in der Satzung anders gefasst werden!)

§ 39 Austritt aus dem Verein

(1) Die Mitglieder sind zum Austritt aus dem Verein berechtigt.

(2) Durch die Satzung kann bestimmt werden, dass der Austritt nur am Schluss eines Geschäftsjahrs oder erst nach dem Ablauf einer Kündigungsfrist zulässig ist; die Kündigungsfrist kann höchstens zwei Jahre betragen.

§ 40 Nachgiebige Vorschriften

Die Vorschriften des § 26 Absatz 2 Satz 1, des § 27 Absatz 1 und 3, der §§ 28, 31a Abs. 1 Satz 2 sowie der §§ 32, 33 und 38 finden insoweit keine Anwendung als die Satzung ein anderes bestimmt. Von § 34 kann auch für die Beschlussfassung des Vorstands durch die Satzung nicht abgewichen werden.

§ 41 Auflösung des Vereines

Der Verein kann durch Beschluss der Mitgliederversammlung aufgelöst werden. Zu dem Beschluss ist eine Mehrheit von drei Vierteln der abgegebenen Stimmen erforderlich, wenn nicht die Satzung ein anderes bestimmt.

§ 41 Auflösung des Vereines

Der Verein kann durch Beschluss der Mitgliederversammlung aufgelöst werden. Zu dem Beschluss ist eine Mehrheit von drei Vierteln der abgegebenen Stimmen erforderlich, wenn nicht die Satzung ein anderes bestimmt.

§ 42 Insolvenz

(1) Der Verein wird durch die Eröffnung des Insolvenzverfahrens und mit Rechtskraft des Beschlusses, durch den die Eröffnung des Insolvenzverfahrens mangels Masse abgewiesen worden ist, aufgelöst. Wird das Verfahren auf Antrag des Schuldners eingestellt oder nach der Bestätigung eines Insolvenzplans, der den Fortbestand des Vereins vorsieht, aufgehoben, so kann die Mitgliederversammlung die Fortsetzung des Vereins beschließen. Durch die Satzung kann bestimmt werden, dass der Verein im Falle der Eröffnung des Insolvenzverfahrens als nicht rechtsfähiger Verein fortbesteht; auch in diesem Falle kann unter den Voraussetzungen des Satzes 2 die Fortsetzung als rechtsfähiger Verein beschlossen werden.

(2) Der Vorstand hat im Falle der Zahlungsunfähigkeit oder der Überschuldung die Eröffnung des Insolvenzverfahrens zu beantragen. Wird die Stellung des Antrags verzögert, so sind die Vorstandsmitglieder, denen ein Verschulden zur Last fällt, den Gläubigern für den daraus entstehenden Schaden verantwortlich; sie haften als Gesamtschuldner.

Auszug aus der Abgabenordnung

§ 51 Allgemeines

(1) 1Gewährt das Gesetz eine Steuervergünstigung, weil eine Körperschaft ausschließlich und unmittelbar gemeinnützige, mildtätige oder kirchliche Zwecke (steuerbegünstigte Zwecke) verfolgt, so gelten die folgenden Vorschriften. 2Unter Körperschaften sind die Körperschaften, Personenvereinigungen und Vermögensmassen im Sinne des Körperschaftsteuergesetzes zu verstehen. 3Funktionale Untergliederungen (Abteilungen) von Körperschaften gelten nicht als selbstständige Steuersubjekte.

(2) Werden die steuerbegünstigten Zwecke im Ausland verwirklicht, setzt die Steuervergünstigung voraus, dass natürliche Personen, die ihren Wohnsitz oder ihren gewöhnlichen Aufenthalt im Geltungsbereich dieses Gesetzes haben, gefördert werden oder die Tätigkeit der Körperschaft neben der Verwirklichung der steuerbegünstigten Zwecke auch zum Ansehen der Bundesrepublik Deutschland im Ausland beitragen kann.

(3) 1Eine Steuervergünstigung setzt zudem voraus, dass die Körperschaft nach ihrer Satzung und bei ihrer tatsächlichen Geschäftsführung keine Bestrebungen im Sinne des § 4 des Bundesverfassungsschutzgesetzes fördert und dem Gedanken der Völkerverständigung nicht zuwiderhandelt. 2Bei Körperschaften, die im Verfassungsschutzbericht des Bundes oder eines Landes als extremistische Organisation aufgeführt sind, ist davon auszugehen, dass die Voraussetzungen des Satzes 1 nicht erfüllt sind. 3Die Finanzbehörde teilt Tatsachen, die den Verdacht von Bestrebungen im Sinne des § 4 des Bundesverfassungsschutzgesetzes oder des Zuwiderhandelns gegen den Gedanken der Völkerverständigung begründen, der Verfassungsschutzbehörde mit.

§ 52 Gemeinnützige Zwecke

(1) 1Eine Körperschaft verfolgt gemeinnützige Zwecke, wenn ihre Tätigkeit darauf gerichtet ist, die Allgemeinheit auf materiellem, geistigem oder sittlichem Gebiet selbstlos zu fördern. 2Eine Förderung der Allgemeinheit ist nicht gegeben, wenn der Kreis der Personen, dem die Förderung zugutekommt, fest abgeschlossen ist, zum Beispiel Zugehörigkeit zu einer Familie oder zur Belegschaft eines Unternehmens, oder infolge seiner Abgrenzung, insbesondere nach räumlichen oder beruflichen Merkmalen, dauernd nur klein sein kann. 3Eine Förderung der Allgemeinheit

liegt nicht allein deswegen vor, weil eine Körperschaft ihre Mittel einer Körperschaft des öffentlichen Rechts zuführt.

(2) 1Unter den Voraussetzungen des Absatzes 1 sind als Förderung der Allgemeinheit anzuerkennen:

1. die Förderung von Wissenschaft und Forschung;
2. die Förderung der Religion;
3. die Förderung des öffentlichen Gesundheitswesens und der öffentlichen Gesundheitspflege, insbesondere die Verhütung und Bekämpfung von übertragbaren Krankheiten, auch durch Krankenhäuser im Sinne des § 67, und von Tierseuchen;
4. die Förderung der Jugend- und Altenhilfe;
5. die Förderung von Kunst und Kultur;
6. die Förderung des Denkmalschutzes und der Denkmalpflege;
7. die Förderung der Erziehung, Volks- und Berufsbildung einschließlich der Studentenhilfe;
8. die Förderung des Naturschutzes und der Landschaftspflege im Sinne des Bundesnaturschutzgesetzes und der Naturschutzgesetze der Länder, des Umweltschutzes, des Küstenschutzes und des Hochwasserschutzes;
9. die Förderung des Wohlfahrtswesens, insbesondere der Zwecke der amtlich anerkannten Verbände der freien Wohlfahrtspflege (§ 23 der Umsatzsteuer-Durchführungsverordnung), ihrer Unterverbände und ihrer angeschlossenen Einrichtungen und Anstalten;
10. die Förderung der Hilfe für politisch, rassisch oder religiös Verfolgte, für Flüchtlinge, Vertriebene, Aussiedler, Spätaussiedler, Kriegsopfer, Kriegshinterbliebene, Kriegsbeschädigte und Kriegsgefangene, Zivilbeschädigte und Behinderte sowie Hilfe für Opfer von Straftaten; Förderung des Andenkens an Verfolgte, Kriegs- und Katastrophenopfer; Förderung des Suchdienstes für Vermisste;
11. die Förderung der Rettung aus Lebensgefahr;
12. die Förderung des Feuer-, Arbeits-, Katastrophen- und Zivilschutzes sowie der Unfallverhütung;
13. die Förderung internationaler Gesinnung, der Toleranz auf allen Gebieten der Kultur und des Völkerverständigungsgedankens;
14. die Förderung des Tierschutzes;
15. die Förderung der Entwicklungszusammenarbeit;

Anhang

16. die Förderung von Verbraucherberatung und Verbraucherschutz;
17. die Förderung der Fürsorge für Strafgefangene und ehemalige Strafgefangene;
18. die Förderung der Gleichberechtigung von Frauen und Männern;
19. die Förderung des Schutzes von Ehe und Familie;
20. die Förderung der Kriminalprävention;
21. die Förderung des Sports (Schach gilt als Sport);
22. die Förderung der Heimatpflege und Heimatkunde;
23. die Förderung der Tierzucht, der Pflanzenzucht, der Kleingärtnerei, des traditionellen Brauchtums einschließlich des Karnevals, der Fastnacht und des Faschings, der Soldaten- und Reservistenbetreuung, des Amateurfunkens, des Modellflugs und des Hundesports;
24. die allgemeine Förderung des demokratischen Staatswesens im Geltungsbereich dieses Gesetzes; hierzu gehören nicht Bestrebungen, die nur bestimmte Einzelinteressen staatsbürgerlicher Art verfolgen oder die auf den kommunalpolitischen Bereich beschränkt sind;
25. die Förderung des bürgerschaftlichen Engagements zugunsten gemeinnütziger, mildtätiger und kirchlicher Zwecke.

2Sofern der von der Körperschaft verfolgte Zweck nicht unter Satz 1 fällt, aber die Allgemeinheit auf materiellem, geistigem oder sittlichem Gebiet entsprechend selbstlos gefördert wird, kann dieser Zweck für gemeinnützig erklärt werden. 3Die obersten Finanzbehörden der Länder haben jeweils eine Finanzbehörde im Sinne des Finanzverwaltungsgesetzes zu bestimmen, die für Entscheidungen nach Satz 2 zuständig ist.

§ 53 Mildtätige Zwecke

1Eine Körperschaft verfolgt mildtätige Zwecke, wenn ihre Tätigkeit darauf gerichtet ist, Personen selbstlos zu unterstützen,

1. die infolge ihres körperlichen, geistigen oder seelischen Zustands auf die Hilfe anderer angewiesen sind oder
2. deren Bezüge nicht höher sind als das Vierfache des Regelsatzes der Sozialhilfe im Sinne des § 28 des Zwölften Buches Sozialgesetzbuch[1] beim Alleinstehenden oder Haushaltsvorstand tritt an die Stelle des Vierfachen das Fünffache des Regelsatzes. 2Dies gilt nicht für Personen, deren Vermögen zur nachhaltigen Verbesserung ihres Unterhalts ausreicht und denen zugemutet werden kann, es dafür zu verwenden. 3Bei Personen, deren wirtschaftliche

Lage aus besonderen Gründen zu einer Notlage geworden ist, dürfen die Bezüge oder das Vermögen die genannten Grenzen übersteigen. 4Bezüge im Sinne dieser Vorschrift sind

a) Einkünfte im Sinne des § 2 Abs. 1 des Einkommensteuergesetzes und
b) andere zur Bestreitung des Unterhalts bestimmte oder geeignete Bezüge,

die der Alleinstehende oder der Haushaltsvorstand und die sonstigen Haushaltsangehörigen haben. 5Zu berücksichtigen sind auch gezahlte und empfangene Unterhaltsleistungen. Die wirtschaftliche Hilfebedürftigkeit im vorstehenden Sinne ist bei Empfängern von Leistungen nach dem Zweiten oder Zwölften Buch Sozialgesetzbuch, des Wohngeldgesetzes, bei Empfängern von Leistungen nach § 27a des Bundesversorgungsgesetzes oder nach § 6a des Bundeskindergeldgesetzes als nachgewiesen anzusehen. 6Die Körperschaft kann den Nachweis mit Hilfe des jeweiligen Leistungsbescheids, der für den Unterstützungszeitraum maßgeblich ist, oder mit Hilfe der Bestätigung des Sozialleistungsträgers führen. Auf Antrag der Körperschaft kann auf einen Nachweis der wirtschaftlichen Hilfebedürftigkeit verzichtet werden, wenn auf Grund der besonderen Art der gewährten Unterstützungsleistung sichergestellt ist, dass nur wirtschaftlich hilfebedürftige Personen im vorstehenden Sinne unterstützt werden; für den Bescheid über den Nachweisverzicht gilt § 60a Absatz 3 bis 5 entsprechend.

§ 54 Kirchliche Zwecke

(1) Eine Körperschaft verfolgt kirchliche Zwecke, wenn ihre Tätigkeit darauf gerichtet ist, eine Religionsgemeinschaft, die Körperschaft des öffentlichen Rechts ist, selbstlos zu fördern.

(2) Zu diesen Zwecken gehören insbesondere die Errichtung, Ausschmückung und Unterhaltung von Gotteshäusern und kirchlichen Gemeindehäusern, die Abhaltung von Gottesdiensten, die Ausbildung von Geistlichen, die Erteilung von Religionsunterricht, die Beerdigung und die Pflege des Andenkens der Toten, ferner die Verwaltung des Kirchenvermögens, die Besoldung der Geistlichen, Kirchenbeamten und Kirchendiener, die Alters- und Behindertenversorgung für diese Personen und die Versorgung ihrer Witwen und Waisen.

§ 55 Selbstlosigkeit

(1) Eine Förderung oder Unterstützung geschieht selbstlos, wenn dadurch nicht in erster Linie eigenwirtschaftliche Zwecke – zum Beispiel gewerbliche Zwecke oder

sonstige Erwerbszwecke – verfolgt werden und wenn die folgenden Voraussetzungen gegeben sind:

1. 1Mittel der Körperschaft dürfen nur für die satzungsmäßigen Zwecke verwendet werden. 2Die Mitglieder oder Gesellschafter (Mitglieder im Sinne dieser Vorschriften) dürfen keine Gewinnanteile und in ihrer Eigenschaft als Mitglieder auch keine sonstigen Zuwendungen aus Mitteln der Körperschaft erhalten. 3Die Körperschaft darf ihre Mittel weder für die unmittelbare noch für die mittelbare Unterstützung oder Förderung politischer Parteien verwenden.

2. Die Mitglieder dürfen bei ihrem Ausscheiden oder bei Auflösung oder Aufhebung der Körperschaft nicht mehr als ihre eingezahlten Kapitalanteile und den gemeinen Wert ihrer geleisteten Sacheinlagen zurückerhalten.

3. Die Körperschaft darf keine Person durch Ausgaben, die dem Zweck der Körperschaft fremd sind, oder durch unverhältnismäßig hohe Vergütungen begünstigen.

4. 1Bei Auflösung oder Aufhebung der Körperschaft oder bei Wegfall ihres bisherigen Zwecks darf das Vermögen der Körperschaft, soweit es die eingezahlten Kapitalanteile der Mitglieder und den gemeinen Wert der von den Mitgliedern geleisteten Sacheinlagen übersteigt, nur für steuerbegünstigte Zwecke verwendet werden (Grundsatz der Vermögensbindung). 2Diese Voraussetzung ist auch erfüllt, wenn das Vermögen einer anderen steuerbegünstigten Körperschaft oder einer Körperschaft des öffentlichen Rechts für steuerbegünstigte Zwecke übertragen werden soll.

5. 1Die Körperschaft muss ihre Mittel vorbehaltlich des § 62 grundsätzlich zeitnah für ihre steuerbegünstigten satzungsmäßigen Zwecke verwenden. 2Verwendung in diesem Sinne ist auch die Verwendung der Mittel für die Anschaffung oder Herstellung von Vermögensgegenständen, die satzungsmäßigen Zwecken dienen. 3Eine zeitnahe Mittelverwendung ist gegeben, wenn die Mittel spätestens in den auf den Zufluss folgenden zwei Kalender- oder Wirtschaftsjahren für die steuerbegünstigten satzungsmäßigen Zwecke verwendet werden.

(2) Bei der Ermittlung des gemeinen Werts (Absatz 1 Nr. 2 und 4) kommt es auf die Verhältnisse zu dem Zeitpunkt an, in dem die Sacheinlagen geleistet worden sind.

(3) Die Vorschriften, die die Mitglieder der Körperschaft betreffen (Absatz 1 Nr. 1, 2 und 4), gelten bei Stiftungen für die Stifter und ihre Erben, bei Betrieben gewerblicher Art von Körperschaften des öffentlichen Rechts für die Körperschaft sinngemäß, jedoch mit der Maßgabe, dass bei Wirtschaftsgütern, die nach § 6

Abs. 1 Nr. 4 Satz 5 und 6 des Einkommensteuergesetzes aus einem Betriebsvermögen zum Buchwert entnommen worden sind, an die Stelle des gemeinen Werts der Buchwert der Entnahme tritt.

§ 56 Ausschließlichkeit

Ausschließlichkeit liegt vor, wenn eine Körperschaft nur ihre steuerbegünstigten satzungsmäßigen Zwecke verfolgt.

§ 57 Unmittelbarkeit

(1) 1Eine Körperschaft verfolgt unmittelbar ihre steuerbegünstigten satzungsmäßigen Zwecke, wenn sie selbst diese Zwecke verwirklicht. 2Das kann auch durch Hilfspersonen geschehen, wenn nach den Umständen des Falls, insbesondere nach den rechtlichen und tatsächlichen Beziehungen, die zwischen der Körperschaft und der Hilfsperson bestehen, das Wirken der Hilfsperson wie eigenes Wirken der Körperschaft anzusehen ist.

(2) Eine Körperschaft, in der steuerbegünstigte Körperschaften zusammengefasst sind, wird einer Körperschaft, die unmittelbar steuerbegünstigte Zwecke verfolgt, gleichgestellt.

§ 58 Steuerlich unschädliche Betätigungen

Die Steuervergünstigung wird nicht dadurch ausgeschlossen, dass

1. eine Körperschaft Mittel für die Verwirklichung der steuerbegünstigten Zwecke einer anderen Körperschaft oder für die Verwirklichung steuerbegünstigter Zwecke durch eine Körperschaft des öffentlichen Rechts beschafft; die Beschaffung von Mitteln für eine unbeschränkt steuerpflichtige Körperschaft des privaten Rechts setzt voraus, dass diese selbst steuerbegünstigt ist,

2. eine Körperschaft ihre Mittel teilweise einer anderen, ebenfalls steuerbegünstigten Körperschaft oder einer Körperschaft des öffentlichen Rechts zur Verwendung zu steuerbegünstigten Zwecken zuwendet,

3. eine Körperschaft ihre Überschüsse der Einnahmen über die Ausgaben aus der Vermögensverwaltung, ihre Gewinne aus den wirtschaftlichen Geschäftsbetrieben ganz oder teilweise und darüber hinaus 15 Prozent ihrer sonstigen nach § 55 Absatz 1 Nummer 5 zeitnah zu verwendenden Mittel einer anderen steuerbegünstigten Körperschaft oder einer juristischen Person des öffentlichen Rechts zur Vermögensausstattung zuwendet. Die aus den Vermögenserträgen zu verwirklichenden steuerbegünstigten Zwecke müssen der zuwen-

denden Körperschaft entsprechen. Die nach dieser Nummer zugewandten Mittel und deren Erträge dürfen nicht für weitere Mittelweitergaben im Sinne des ersten Satzes verwendet werden.

4. eine Körperschaft ihre Arbeitskräfte anderen Personen, Unternehmen, Einrichtungen oder einer Körperschaft des öffentlichen Rechts für steuerbegünstigte Zwecke zur Verfügung stellt,

5. eine Körperschaft ihr gehörende Räume einer anderen, ebenfalls steuerbegünstigten Körperschaft oder einer Körperschaft des öffentlichen Rechts zur Nutzung zu steuerbegünstigten Zwecken überlässt,

6. eine Stiftung einen Teil, jedoch höchstens ein Drittel ihres Einkommens dazu verwendet, um in angemessener Weise den Stifter und seine nächsten Angehörigen zu unterhalten, ihre Gräber zu pflegen und ihr Andenken zu ehren,

7. eine Körperschaft gesellige Zusammenkünfte veranstaltet, die im Vergleich zu ihrer steuerbegünstigten Tätigkeit von untergeordneter Bedeutung sind,

8. ein Sportverein neben dem unbezahlten auch den bezahlten Sport fördert,

9. eine von einer Gebietskörperschaft errichtete Stiftung zur Erfüllung ihrer steuerbegünstigten Zwecke Zuschüsse an Wirtschaftsunternehmen vergibt,

10. eine Körperschaft Mittel zum Erwerb von Gesellschaftsrechten zur Erhaltung der prozentualen Beteiligung an Kapitalgesellschaften im Jahr des Zuflusses verwendet. Dieser Erwerb mindert die Höhe der Rücklage nach § 62 Absatz 1 Nummer 3.

§ 59 Voraussetzung der Steuervergünstigung

Die Steuervergünstigung wird gewährt, wenn sich aus der Satzung, dem Stiftungsgeschäft oder der sonstigen Verfassung (Satzung im Sinne dieser Vorschriften) ergibt, welchen Zweck die Körperschaft verfolgt, dass dieser Zweck den Anforderungen der §§ 52 bis 55 entspricht und dass er ausschließlich und unmittelbar verfolgt wird; die tatsächliche Geschäftsführung muss diesen Satzungsbestimmungen entsprechen.

§ 60 Anforderungen an die Satzung

(1) Die Satzungszwecke und die Art ihrer Verwirklichung müssen so genau bestimmt sein, dass auf Grund der Satzung geprüft werden kann, ob die satzungsmäßigen Voraussetzungen für Steuervergünstigungen gegeben sind. Die Satzung muss die in der Anlage 1 bezeichneten Festlegungen enthalten.

(2) Die Satzung muss den vorgeschriebenen Erfordernissen bei der Körperschaftsteuer und bei der Gewerbesteuer während des ganzen Veranlagungs- oder Bemessungszeitraums, bei den anderen Steuern im Zeitpunkt der Entstehung der Steuer entsprechen.

§ 60a Feststellung der satzungsmäßigen Voraussetzungen

(1) Die Einhaltung der satzungsmäßigen Voraussetzungen nach den §§ 51, 59, 60 und 61 wird gesondert festgestellt. Die Feststellung der Satzungsmäßigkeit ist für die Besteuerung der Körperschaft und der Steuerpflichtigen, die Zuwendungen in Form von Spenden und Mitgliedsbeiträgen an die Körperschaft erbringen, bindend.

(2) Die Feststellung der Satzungsmäßigkeit erfolgt

1. auf Antrag der Körperschaft oder
2. von Amts wegen bei der Veranlagung zur Körperschaftsteuer, wenn bisher noch keine Feststellung erfolgt ist.

(3) Die Bindungswirkung der Feststellung entfällt ab dem Zeitpunkt, in dem die Rechtsvorschriften, auf denen die Feststellung beruht, aufgehoben oder geändert werden.

(4) Tritt bei den für die Feststellung erheblichen Verhältnissen eine Änderung ein, ist die Feststellung mit Wirkung vom Zeitpunkt der Änderung der Verhältnisse aufzuheben.

(5) Materielle Fehler im Feststellungsbescheid über die Satzungsmäßigkeit können mit Wirkung ab dem Kalenderjahr beseitigt werden, das auf die Bekanntgabe der Aufhebung der Feststellung folgt. § 176 gilt entsprechend, außer es sind Kalenderjahre zu ändern, die nach der Verkündung der maßgeblichen Entscheidung eines obersten Gerichtshofes des Bundes beginnen.

§ 61 Satzungsmäßige Vermögensbindung

(1) Eine steuerlich ausreichende Vermögensbindung (§ 55 Abs. 1 Nr. 4) liegt vor, wenn der Zweck, für den das Vermögen bei Auflösung oder Aufhebung der Körperschaft oder bei Wegfall ihres bisherigen Zweckes verwendet werden soll, in der Satzung so genau bestimmt ist, dass auf Grund der Satzung geprüft werden kann, ob der Verwendungszweck steuerbegünstigt ist.

(3) 1Wird die Bestimmung über die Vermögensbindung nachträglich so geändert, dass sie den Anforderungen des § 55 Abs. 1 Nr. 4 nicht mehr entspricht, so gilt sie von Anfang an als steuerlich nicht ausreichend. 2§ 175 Abs. 1 Satz 1 Nr. 2 ist mit der Maßgabe anzuwenden, dass Steuerbescheide erlassen, aufgehoben oder ge-

ändert werden können, soweit sie Steuern betreffen, die innerhalb der letzten zehn Kalenderjahre vor der Änderung der Bestimmung über die Vermögensbindung entstanden sind.

§ 62 Rücklagen und Vermögensbildung

(1) Körperschaften können ihre Mittel ganz oder teilweise

1. einer Rücklage zuführen, soweit dies erforderlich ist, um ihre steuerbegünstigten, satzungsmäßigen Zwecke nachhaltig zu erfüllen;

2. einer Rücklage für die beabsichtigte Wiederbeschaffung von Wirtschaftsgütern zuführen, die zur Verwirklichung der steuerbegünstigten, satzungsmäßigen Zwecke erforderlich sind (Rücklage für Wiederbeschaffung). Die Höhe der Zuführung bemisst sich nach der Höhe der regulären Absetzungen für Abnutzung eines zu ersetzenden Wirtschaftsguts. Die Voraussetzungen für eine höhere Zuführung sind nachzuweisen;

3. der freien Rücklage zuführen, jedoch höchstens ein Drittel des Überschusses aus der Vermögensverwaltung und darüber hinaus höchstens 10 Prozent der sonstigen nach § 55 Absatz 1 Nummer 5 zeitnah zu verwendenden Mittel. Ist der Höchstbetrag für die Bildung der freien Rücklage in einem Jahr nicht ausgeschöpft, kann diese unterbliebene Zuführung in den folgenden zwei Jahren nachgeholt werden;

4. einer Rücklage zum Erwerb von Gesellschaftsrechten zur Erhaltung der prozentualen Beteiligung an Kapitalgesellschaften zuführen, wobei die Höhe dieser Rücklage die Höhe der Rücklage nach Nummer 3 mindert.

(2) Die Bildung von Rücklagen nach Absatz 1 hat innerhalb der Frist des § 55 Absatz 1 Nummer 5 Satz 3 zu erfolgen. Rücklagen nach Absatz 1 Nummer 1, 2 und 4 sind unverzüglich aufzulösen, sobald der Grund für die Rücklagenbildung entfallen ist. Die freigewordenen Mittel sind innerhalb der Frist nach § 55 Absatz 1 Nummer 5 Satz 3 zu verwenden.

(3) Die folgenden Mittelzuführungen unterliegen nicht der zeitnahen Mittelverwendung nach § 55 Absatz 1 Nummer 5:

1. Zuwendungen von Todes wegen, wenn der Erblasser keine Verwendung für den laufenden Aufwand der Körperschaft vorgeschrieben hat;

2. Zuwendungen, bei denen der Zuwendende ausdrücklich erklärt, dass diese zur Ausstattung der Körperschaft mit Vermögen oder zur Erhöhung des Vermögens bestimmt sind;

3. Zuwendungen auf Grund eines Spendenaufrufs der Körperschaft, wenn aus dem Spendenaufruf ersichtlich ist, dass Beträge zur Aufstockung des Vermögens erbeten werden

4. Sachzuwendungen, die ihrer Natur nach zum Vermögen gehören.

(4) Eine Stiftung kann im Jahr ihrer Errichtung und in den drei folgenden Kalenderjahren Überschüsse aus der Vermögensverwaltung und die Gewinne aus wirtschaftlichen Geschäftsbetrieben nach § 14 ganz oder teilweise ihrem Vermögen zuführen.

§ 63 Anforderungen an die tatsächliche Geschäftsführung

(1) Die tatsächliche Geschäftsführung der Körperschaft muss auf die ausschließliche und unmittelbare Erfüllung der steuerbegünstigten Zwecke gerichtet sein und den Bestimmungen entsprechen, die die Satzung über die Voraussetzungen für Steuervergünstigungen enthält.

(2) Für die tatsächliche Geschäftsführung gilt sinngemäß § 60 Abs. 2, für eine Verletzung der Vorschrift über die Vermögensbindung § 61 Abs. 3.

(3) Die Körperschaft hat den Nachweis, dass ihre tatsächliche Geschäftsführung den Erfordernissen des Absatzes 1 entspricht, durch ordnungsmäßige Aufzeichnungen über ihre Einnahmen und Ausgaben zu führen.

(4) Hat die Körperschaft ohne Vorliegen der Voraussetzungen Mittel angesammelt, kann das Finanzamt ihr eine angemessene Frist für die Verwendung der Mittel setzen. Die tatsächliche Geschäftsführung gilt als ordnungsgemäß im Sinne des Absatzes 1, wenn die Körperschaft die Mittel innerhalb der Frist für steuerbegünstigte Zwecke verwendet.

(5) Körperschaften im Sinne des § 10b Absatz 1 Satz 2 Nummer 2 des Einkommensteuergesetzes dürfen Zuwendungsbestätigungen im Sinne des § 50 Absatz 1 der Einkommensteuer-Durchführungsverordnung nur ausstellen,

1. wenn das Datum der Anlage zum Körperschaftsteuerbescheid oder des Freistellungsbescheids nicht länger als fünf Jahre zurückliegt oder

2. wenn die Feststellung der Satzungsmäßigkeit nach § 60a Absatz 1 nicht länger als drei Kalenderjahre zurückliegt und bisher kein Freistellungsbescheid oder keine Anlage zum Körperschaft-steuerbescheid erteilt wurden.

Die Frist ist taggenau zu berechnen.

§ 64 Steuerpflichtige wirtschaftliche Geschäftsbetriebe

(1) Schließt das Gesetz die Steuervergünstigung insoweit aus, als ein wirtschaftlicher Geschäftsbetrieb (§ 14) unterhalten wird, so verliert die Körperschaft die

Steuervergünstigung für die dem Geschäftsbetrieb zuzuordnenden Besteuerungsgrundlagen (Einkünfte, Umsätze, Vermögen), soweit der wirtschaftliche Geschäftsbetrieb kein Zweckbetrieb (§§ 65 bis 68) ist.

(2) Unterhält die Körperschaft mehrere wirtschaftliche Geschäftsbetriebe, die keine Zweckbetriebe (§§ 65 bis 68) sind, werden diese als ein wirtschaftlicher Geschäftsbetrieb behandelt.

(3) Übersteigen die Einnahmen einschließlich Umsatzsteuer aus wirtschaftlichen Geschäftsbetrieben, die keine Zweckbetriebe sind, insgesamt nicht 35 000 Euro im Jahr, so unterliegen die diesen Geschäftsbetrieben zuzuordnenden Besteuerungsgrundlagen nicht der Körperschaftsteuer und der Gewerbesteuer.

(4) Die Aufteilung einer Körperschaft in mehrere selbständige Körperschaften zum Zweck der mehrfachen Inanspruchnahme der Steuervergünstigung nach Absatz 3 gilt als Missbrauch von rechtlichen Gestaltungsmöglichkeiten im Sinne des § 42.

(5) Überschüsse aus der Verwertung unentgeltlich erworbenen Altmaterials außerhalb einer ständig dafür vorgehaltenen Verkaufsstelle, die der Körperschaftsteuer und der Gewerbesteuer unterliegen, können in Höhe des branchenüblichen Reingewinns geschätzt werden.

(6) Bei den folgenden steuerpflichtigen wirtschaftlichen Geschäftsbetrieben kann der Besteuerung ein Gewinn von 15 Prozent der Einnahmen zugrunde gelegt werden:

1. Werbung für Unternehmen, die im Zusammenhang mit der steuerbegünstigten Tätigkeit einschließlich Zweckbetrieben stattfindet,
2. Totalisatorbetriebe,
3. Zweite Fraktionierungsstufe der Blutspendedienste.

§ 65 Zweckbetrieb

Ein Zweckbetrieb ist gegeben, wenn

1. der wirtschaftliche Geschäftsbetrieb in seiner Gesamtrichtung dazu dient, die steuerbegünstigten satzungsmäßigen Zwecke der Körperschaft zu verwirklichen,
2. die Zwecke nur durch einen solchen Geschäftsbetrieb erreicht werden können und
3. der wirtschaftliche Geschäftsbetrieb zu nicht begünstigten Betrieben derselben oder ähnlicher Art nicht in größerem Umfang in Wettbewerb tritt, als es bei Erfüllung der steuerbegünstigten Zwecke unvermeidbar ist.

§ 66 Wohlfahrtspflege

(1) Eine Einrichtung der Wohlfahrtspflege ist ein Zweckbetrieb, wenn sie in besonderem Maße den in § 53 genannten Personen dient.

(2) 1Wohlfahrtspflege ist die planmäßige, zum Wohle der Allgemeinheit und nicht des Erwerbs wegen ausgeübte Sorge für notleidende oder gefährdete Mitmenschen. 2Die Sorge kann sich auf das gesundheitliche, sittliche, erzieherische oder wirtschaftliche Wohl erstrecken und Vorbeugung oder Abhilfe bezwecken.

(3) 1Eine Einrichtung der Wohlfahrtspflege dient in besonderem Maße den in § 53 genannten Personen, wenn diesen mindestens zwei Drittel ihrer Leistungen zugutekommen. 2Für Krankenhäuser gilt § 67.

§ 67 Krankenhäuser

(1) Ein Krankenhaus, das in den Anwendungsbereich des Krankenhausentgeltgesetzes oder der Bundespflegesatzverordnung fällt, ist ein Zweckbetrieb, wenn mindestens 40 Prozent der jährlichen Belegungstage oder Berechnungstage auf Patienten entfallen, bei denen nur Entgelte für allgemeine Krankenhausleistungen (§ 7 des Krankenhausentgeltgesetzes, § 10 der Bundespflegesatzverordnung) berechnet werden.

(2) Ein Krankenhaus, das nicht in den Anwendungsbereich des Krankenhausentgeltgesetzes oder der Bundespflegesatzverordnung fällt, ist ein Zweckbetrieb, wenn mindestens 40 Prozent[3] der jährlichen Belegungstage oder Berechnungstage auf Patienten entfallen, bei denen für die Krankenhausleistungen kein höheres Entgelt als nach Absatz 1 berechnet wird.

§ 67a Sportliche Veranstaltungen

(1) 1Sportliche Veranstaltungen eines Sportvereins sind ein Zweckbetrieb, wenn die Einnahmen einschließlich Umsatzsteuer insgesamt 45 000 Euro im Jahr nicht übersteigen. 2Der Verkauf von Speisen und Getränken sowie die Werbung gehören nicht zu den sportlichen Veranstaltungen.

(2) 1Der Sportverein kann dem Finanzamt bis zur Unanfechtbarkeit des Körperschaftsteuerbescheids erklären, dass er auf die Anwendung des Absatzes 1 Satz 1 verzichtet. 2Die Erklärung bindet den Sportverein für mindestens fünf Veranlagungszeiträume.

(3) 1Wird auf die Anwendung des Absatzes 1 Satz 1 verzichtet, sind sportliche Veranstaltungen eines Sportvereins ein Zweckbetrieb, wenn

1. kein Sportler des Vereins teilnimmt, der für seine sportliche Betätigung oder für die Benutzung seiner Person, seines Namens, seines Bildes oder seiner sportlichen Betätigung zu Werbezwecken von dem Verein oder einem Dritten über eine Aufwandsentschädigung hinaus Vergütungen oder andere Vorteile erhält und

2. kein anderer Sportler teilnimmt, der für die Teilnahme an der Veranstaltung von dem Verein oder einem Dritten im Zusammenwirken mit dem Verein über eine Aufwandsentschädigung hinaus Vergütungen oder andere Vorteile erhält.

2Andere sportliche Veranstaltungen sind ein steuerpflichtiger wirtschaftlicher Geschäftsbetrieb. 3Dieser schließt die Steuervergünstigung nicht aus, wenn die Vergütungen oder andere Vorteile ausschließlich aus wirtschaftlichen Geschäftsbetrieben, die nicht Zweckbetriebe sind, oder von Dritten geleistet werden.

§ 68 Einzelne Zweckbetriebe

Zweckbetriebe sind auch:

1. a) Alten-, Altenwohn- und Pflegeheime, Erholungsheime, Mahlzeitendienste, wenn sie in besonderem Maße den in § 53 genannten Personen dienen (§ 66 Abs. 3),
   b) Kindergärten, Kinder-, Jugend- und Studentenheime, Schullandheime und Jugendherbergen,

2. a) landwirtschaftliche Betriebe und Gärtnereien, die der Selbstversorgung von Körperschaften dienen und dadurch die sachgemäße Ernährung und ausreichende Versorgung von Anstaltsangehörigen sichern,
   b) andere Einrichtungen, die für die Selbstversorgung von Körperschaften erforderlich sind, wie Tischlereien, Schlossereien, wenn die Lieferungen und sonstigen Leistungen dieser Einrichtungen an Außenstehende dem Wert nach 20 Prozent der gesamten Lieferungen und sonstigen Leistungen des Betriebs – einschließlich der an die Körperschaften selbst bewirkten – nicht übersteigen,

3. a) Werkstätten für behinderte Menschen, die nach den Vorschriften des Dritten Buches Sozialgesetzbuch förderungsfähig sind und Personen Arbeitsplätze bieten, die wegen ihrer Behinderung nicht auf dem allgemeinen Arbeitsmarkt tätig sein können,
   b) Einrichtungen für Beschäftigungs- und Arbeitstherapie, in denen behinderte Menschen aufgrund ärztlicher Indikationen außerhalb eines Beschäfti-

gungsverhältnisses zum Träger der Therapieeinrichtung mit dem Ziel behandelt werden, körperliche oder psychische Grundfunktionen zum Zwecke der Wiedereingliederung in das Alltagsleben wiederherzustellen oder die besonderen Fähigkeiten und Fertigkeiten auszubilden, zu fördern und zu trainieren, die für eine Teilnahme am Arbeitsleben erforderlich sind, und

c) Integrationsprojekte im Sinne des § 132 Abs. 1 des Neunten Buches Sozialgesetzbuch, wenn mindestens 40 Prozent der Beschäftigten besonders betroffene schwerbehinderte Menschen im Sinne des § 132 Abs. 1 des Neunten Buches Sozialgesetzbuch sind,

4. Einrichtungen, die zur Durchführung der Blindenfürsorge und zur Durchführung der Fürsorge für Körperbehinderte unterhalten werden,

5. Einrichtungen der Fürsorgeerziehung und der freiwilligen Erziehungshilfe,

6. von den zuständigen Behörden genehmigte Lotterien und Ausspielungen, wenn der Reinertrag unmittelbar und ausschließlich zur Förderung mildtätiger, kirchlicher oder gemeinnütziger Zwecke verwendet wird,

7. kulturelle Einrichtungen, wie Museen, Theater, und kulturelle Veranstaltungen, wie Konzerte, Kunstausstellungen; dazu gehört nicht der Verkauf von Speisen und Getränken,

8. Volkshochschulen und andere Einrichtungen, soweit sie selbst Vorträge, Kurse und andere Veranstaltungen wissenschaftlicher oder belehrender Art durchführen; dies gilt auch, soweit die Einrichtungen den Teilnehmern dieser Veranstaltungen selbst Beherbergung und Beköstigung gewähren,

9. Wissenschafts- und Forschungseinrichtungen, deren Träger sich überwiegend aus Zuwendungen der öffentlichen Hand oder Dritter oder aus der Vermögensverwaltung finanziert. 2Der Wissenschaft und Forschung dient auch die Auftragsforschung. 3Nicht zum Zweckbetrieb gehören Tätigkeiten, die sich auf die Anwendung gesicherter wissenschaftlicher Erkenntnisse beschränken, die Übernahme von Projektträgerschaften sowie wirtschaftliche Tätigkeiten ohne Forschungsbezug.

Auszug aus Anlage 1 (zu § 60) der Abgabenordnung (AO) - Steuermustersatzung

(nur aus steuerlichen Gründen notwendige Bestimmungen)

Der ...Verein mit Sitz in ... verfolgt ausschließlich und unmittelbar - gemeinnützige - mildtätige - Zwecke (nicht verfolgte Zwecke streichen) im Sinne des Abschnitts „Steuerbegünstigte Zwecke" der Abgabenordnung.

Zweck des Vereins ist ... (z.B. die Förderung von, Jugend- und Altenhilfe, Erziehung, Volks- und Berufsbildung, Kunst und Kultur, Landschaftspflege, Umweltschutz, des öffentlichen Gesundheitswesens, des Sports, Unterstützung hilfsbedürftiger Personen).

Der Satzungszweck wird verwirklicht insbesondere durch ... (z.B. Unterhaltung einer Erziehungsberatungsstelle, Pflege von Kunstsammlungen, Pflege des Liedgutes und des Chorgesanges, Errichtung von Naturschutzgebieten, Unterhaltung eines Kindergartens, Kinder-, Jugendheimes, Unterhaltung eines Altenheimes, eines Erholungsheimes, Bekämpfung des Drogenmissbrauchs, des Lärms, Förderung sportlicher Übungen und Leistungen).

Der Verein ist selbstlos tätig; er verfolgt nicht in erster Linie eigenwirtschaftliche Zwecke.

Mittel des Vereins dürfen nur für die satzungsmäßigen Zwecke verwendet werden.

Die Mitglieder erhalten keine Zuwendungen aus Mitteln des Vereins.

Es darf keine Person durch Ausgaben, die dem Zweck des Vereins fremd sind, oder durch unverhältnismäßig hohe Vergütungen begünstigt werden.

Bei Auflösung des Vereins oder bei Wegfall steuerbegünstigter Zwecke fällt das Vermögen des Vereins

Alternativ entweder:

an ... (Bezeichnung einer juristischen Person des öffentlichen Rechts oder einer anderen steuerbegünstigten Körperschaft), die es unmittelbar und ausschließlich für gemeinnützige oder mildtätige Zwecke zu verwenden hat.

oder

an eine juristische Person des öffentlichen Rechts oder eine andere steuerbegünstigte Körperschaft zwecks Verwendung für ... (Angabe eines bestimm ten gemeinnützigen oder mildtätigen Zwecks, z.B. Förderung von Erziehung, Volks- und Berufsbildung, des Sports, der Unterstützung von Personen, die im Sinne von § 53 der Abgabenordnung wegen ... bedürftig sind.

Stichwortverzeichnis

Abgabenordnung 176
Abgeltungsteuer 21
Absetzung für Abnutzung (AfA) 133
Altmaterialsammlungen 116
Arbeitnehmer 71
Aufbewahrungsfristen für Unterlagen 128
Aufnahmeantrag 32
Aufnahmegebühren 25
Aufwandsentschädigung 68
Aufwandsspenden 89
Aufzeichnungspflichten 126
Ausgaben, Aufteilung 131
Ausschließlichkeit 26
Ausschluss aus dem Verein 153

Bereich, ideeller 102, 131
Berufsgenossenschaft 149
Beschäftigung, geringfügige 74
Besteuerungsgrenze 104
Betriebsausgaben, Aufteilung der 131
Buchführung 125
Bürgerliches Gesetzbuch (BGB) 171

Datenschutz 35

Ehrenamtlichkeit 64
Ehrenamtspauschale 71
Ehrengericht 155

Förderung der Allgemeinheit 25
Förderverein 27
Fundraising 100

GEMA 92
Gemeinnützigkeit 21
– Anerkennung 22, 126
– Steuermustersatzung 23
Gewerbesteuer 114

Gewinnermittlung, Pauschale 115
Gründung 12
Gründungsversammlung 16

Haftung 139, 140, 143
– Haftungsausschluss 13
– Persönliche Haftung 19
Haftungsbeschränkung 144
Homepage 96

Informationsveranstaltung 98
Insolvenz 168
Internet 30, 96

Kommunikation 36
Körperschaftsteuer 114
Kultur 106
Künstlersozialversicherung 98

Liquidation 163
Lohnkonto 75
Lohnsteuer 71, 75

Mehrwertsteuer 116, 119
Mini-Job-Arbeitsverhältnis 74
Mitarbeiter, freier 73
Mitglieder 29
– Rechte und Pflichten 32, 34
Mitgliederversammlung 34, 51, 127
– Abstimmungen und Wahlen 56
– außerordentliche 59
– Beschlussfassung 52
– Einberufung 53
– Protokoll 61
– Stimmrecht 57
– Tagesordnung 53
– Teilnahmerecht 55
– Versammlungsleitung 56

Mitgliedsbeiträge 80
– Begrenzung der Höhe 25
Mitgliedschaft 30
– Beendigung 37
Mittelverwendungsrechnungen 135

Name des Vereins 15
Notvorstand 47

Protokoll 61

Rechnungslegung 129
– Mitglieder 129
– steuerliche 131
Rechtsschutzversicherung 150
Ressortaufteilung 46, 147
Rücklagen 136

Sachspenden 86
Satzung 14, 16
Satzungszweck 15
Schiedsgericht 156
Selbstlosigkeit 25
„Selbstständigkeit" der Mitarbeiter 72
Sozialversicherung 71, 75, 76
Speisen
– Lieferung 119
– Restaurationsleistung 119
Spenden 84
– Mitgliedsbeiträge 88
Spendenhaftung 90
Sponsoren 92
Sponsoring 110
– Passives oder Duldung 119
Sport, Zweckbetrieb 106, 109
Sportanlagen, Überlassung von 109
Sportler, bezahlte 108
Steuererklärung 123
– elektronische 124
Steuermustersatzung 190
Steuerrecht 101
Tombola 109
Übungsleiter 68

Übungsleiterfreibetrag 69
Umlagen 82
Umsatzsteuer 116
– Kleinunternehmer 117
Umsatzsteuerbefreiung 118
Unfallversicherung 149
Unmittelbarkeit 27

Veranstaltung, sportliche 107
Verein, Auflösung 162
Vereinsregister 19, 44
– Eintragung 19
Vereinsstrafen 153
Verluste 113
Vermögensschadenhaftpflichtversicherung 149
Vermögensverwaltung 102, 111, 131
Versicherungsschutz 149
Vorstand 41, 45
– Beschlussfähigkeit 49
– Entlastung 146
– Kooption 47
– Vertretungsberechtigung 42, 45
Vorstandssitzung 48
Vorstandsvergütung 65
Vorsteuerabzug 121
Vorsteuer-Aufteilung 122
Vorsteuerpauschalierung 122

Wahlen 58
Werbung 97, 115
Wirtschaftlicher Geschäftsbetrieb 91, 102, 104, 109, 131
Wohlfahrtspflege 106

Zuschüsse 83
Zuwendungen, siehe Spenden 84
Zuwendungsbestätigung 128
– Sachspenden 86
Zweckbetrieb 103, 109
Zwecke
– gemeinnützige 22
– kirchliche 25
– mildtätige 25